教育部人文社会科学研究青年基金项目

双重股权结构对企业风险承担的影响、传导路径及经济后果研究

Shuangchong Guquan Jiegou Dui Qiye Fengxian

Chengdan De Yingxiang、Chuandao Lujing Ji Jingji Houguo Yanjiu

叶玲 著

西安电子科技大学出版社

内 容 简 介

近年来，具有特殊投票权架构的双重股权结构引起了我国学术界的广泛关注。这种股权结构在满足公司融资需求和维护创始团队的控制权方面取得了平衡，同时也能降低恶意并购的风险。

本书以在美国上市的中概股公司数据为基础，对双重股权结构是否影响公司风险承担水平及其作用机制进行了理论分析与实证检验，进一步探究了融资约束、信息透明度和企业生命周期的异质性影响，并回答了双重股权结构是否能提升企业价值的问题。

本书的研究对于建立更具包容性和适应性的公司股权架构具有积极意义，也可为我国监管部门审视双重股权结构的治理效应、制定科学高效的信息披露与监管规则提供经验证据。

本书可供财经类专业的本科生、研究生以及 MBA 学员学习与参考。

图书在版编目（CIP）数据

双重股权结构对企业风险承担的影响、传导路径及经济后果研究 / 叶玲著. -- 西安 ：西安电子科技大学出版社，2025.3. -- ISBN 978-7-5606-7575-6

Ⅰ. F279.23; F832.5

中国国家版本馆 CIP 数据核字第 20255VT861 号

策　　划　杨航斌
责任编辑　宁晓蓉
出版发行　西安电子科技大学出版社（西安市太白南路 2 号)
电　　话　(029)88202421　88201467　　邮　　编　710071
网　　址　www.xduph.com　　　电子邮箱　xdupfxb001@163.com
经　　销　新华书店
印刷单位　陕西天意印务有限责任公司
版　　次　2025 年 3 月第 1 版　　　2025 年 3 月第 1 次印刷
开　　本　787 毫米×960 毫米　1/16　　印张 10.5
字　　数　181 千字
定　　价　39.00 元

ISBN 978-7-5606-7575-6

XDUP 7876001-1

＊＊＊ 如有印装问题可调换 ＊＊＊

　　本书为教育部人文社会科学研究青年基金项目"双重股权结构与公司风险承担研究——基于我国科创公司的经验证据"[20YJC630192]资助下的阶段性研究成果。

前　言

为推进资本市场深化改革，为科技创新企业提供发展舞台，2018 年 11 月 5 日，国家主席习近平在首届中国国际进口博览会开幕式上宣布，将在上海证券交易所设立科创板并试点注册制。设立科创板的主要目的是增强资本市场对新兴经济的包容性，更好地为具有核心技术、创新商业模式和特殊投票权架构的企业提供服务，通过改革进一步创新金融服务实体经济的资本形成机制。

随后，金融界人士发表专业解读，指出采用双重股权结构的互联网科技企业将不必再赴美或赴港上市，有望直接登陆 A 股资本市场。2019 年 3 月，上海证券交易所发布《上海证券交易所科创板股票发行上市审核规则》，首次允许科技创新型企业采用特别表决权机制在科创板上市，其中第二十四条规定，存在表决权差异安排的发行人申请在科创板上市的，其表决权安排应符合《上海证券交易所科创板股票上市规则》的相关要求。发行人需在招股说明书中披露所选择的具体上市标准，并由保荐人出具上市保荐书。新规发布后不到一年，优刻得公司于 2020 年 1 月 20 日成功在科创板挂牌上市，成为我国沪深 A 股第一家采用双重股权结构的上市公司。

双重股权结构损害还是提升了公司价值一直是理论界和实务界争论的焦点。实质上，双重股权结构打破了单一股权结构下"一股一票"的原则，兼具建设性与潜在风险。其建设性主要体现在三方面：

首先，双重股权结构保障创始团队掌握公司控制权，维持公司经营与发展的稳定性。科创企业从建立初期到成熟需要数轮融资，每一次融资都是对创始股东股权的稀释，威胁着创始人对公司的控制权。双重股权结构通过将股票分为超级投票权股票和普通股票，赋予创始股东数十倍于普通股票的投票权，从而解决了股权融资带来的控制权之争。采用双重股权结构不仅为公司提供了发展所需资金，也确保了创始股东对公司的控制权，从而保持公司稳定的发展方向和长期规划。

其次，双重股权结构可以激发创始人投入更多的人力资本，激发企业家精神。相比传统制造业企业，科创企业大多为轻资产公司，更依赖于人的创意和经营能力。创始人的号召力、独有技术、个人能力、远见卓识以及奋斗精神对科创型公司的发展具有决定性影响。双重股权结构通过赋予创始人绝对控制权，促使创业团队更专注、更投入地工作，勇于冒险和创新，提高了创业团队的归属感和凝聚力。

最后，双重股权结构可以降低管理层的短视行为，提高企业的创新能力。传统企业往往易受财务股东意图的牵制，而双重股权结构可以减少管理层对股价短期波动的担忧，减少短视行为，确保管理层聚焦于公司的长期发展目标(Jordan 等，2016)。同时，管理层在战略决策上拥有较大自主权，能够充分发挥主观能动性，专注于商业模式创新和研发创新，增加科学研究与试验发展(R&D)投入，从而提升企业的创新能力。

然而，超级投票权犹如一把双刃剑，它在为创始股东便捷地获得公司控制权的同时，也因投票权与现金流权严重分离，带来了高昂的代理成本(Bebchuk et al.，2010)，例如，难以更换能力下降的创业团队。超级投票权还会加深管理层的堑壕，从而产生控制权滥用的代理问题，如构建商业帝国、享受特权、推卸责任、关联交易等。这些是双重股权结构受到批评的主要原因。

如前所述，双重股权结构作为一种创新的股权制度，一方面能够在企业的融资过程中较大程度地保持创始股东对企业的控制权，保护管理团队的稳定性，提高企业创新能力，并有效抵御敌意收购(蒋学跃，2014)。另一方面，由于内部监督机制弱化以及外部控制权市场失灵，可能引发控制权滥用的问题。

如何权衡双重股权结构带来的利弊，以最大限度地发挥其优势，是新经济时代下理论界和实务界需共同关注的重要议题。

风险承担水平是企业财务决策的重要内容，选择风险型的投资项目是企业保持竞争优势和获得超额收益的必经之路。特别是当今中国经济正处于新旧动能转换期，企业要积极承担风险，以科技创新推动产业创新，以颠覆性技术和前沿技术催生新产业、新模式和新动能，从而推动新质生产力的发展。因此，如何提高企业的风险承担水平，推动企业进行技术迭代和变革创新，变得尤为重要。

股权结构设计的变化是否对企业风险承担水平产生影响？采用双重股权结构后，管理层对待风险的态度和偏好是否有变化？双重股权结构公司的风险承担水平是否显著高于同股同权公司？企业所处的不同生命周期以及信息透明度和融资约束的差异是否会产生异质性影响？双重股权结构通过何种渠道提升企业风险承担水平？风险承担水平提升，是否有利于企业价值的提升？围绕这些问题，本书基于委托代理理论、企业家理论、智力资本理论、风险偏好理论等，采用在美上市的中概股民营企业数据，对双重股权结构对企业风险承担的影响机制和经济后果进行理论分析和实证检验。本书的研究结果可为科创公司股东如何科学设置超级投票的比例、期限和日落条款等提供了丰富的案例数据和大样本的经验证据，帮助企业探索全新的所有权结构与治理模式，为保护公司创始人追求企业愿景和创新提供更大的自治空间，对促进企业高质量发展、加快形成新质生产力有一定的启示意义。

叶　玲

2024 年 11 月

目　录

第一章
绪　　论

1.1　研究的背景与意义

1.1.1　研究背景

近年来，我国资本市场发生的两类现象级问题，促使人们重新审视传统的同股同权原则，并推动双重股权结构在短期内被我国监管部门认可与接纳。

第一类现象是大量优质企业携双重股权结构赴美或赴港上市。过去十年里，互联网企业如百度、京东、网易、蔚来、拼多多等大多选择在美国或中国香港上市。截至 2021 年年底，有 94 家中概股公司(含已退市)采用了双重股权结构，这些公司的合计市值曾高达中概股总市值的 63%。

第二类现象是国内资本市场中，一些经营与业绩优良的公司如深圳万科、南玻集团、格力电器等频频遭遇财务资本充裕的"野蛮人"敲门。例如，"万宝之争"和宝能系对南玻集团的控制权争夺事件引发了社会关注。这些事件促使理论与实务界开始探讨财务资本是否可以为所欲为，以及财务资本倚仗同股同权原则引发的控制权转移及变更威胁是否会严重影响公司正常的经营管理。

这些问题难以在以同股同权为原则的公司治理框架下找到可行的解决方案。因此，市场迫切需要现行公司治理框架允许打破同股同权原则，使公司创始股东能够以较少的资本保持控制权的稳定性，从而维护公司健康发展和长远利益。

双重股权结构因其独特的投票权架构设计，能够有效解决同股同权原则下难以解决的控制权与融资问题，受到早期急需资金注入的互联网企业的广泛推崇。双重股权结构是指公司发行两类不同投票权的股票，其中一类股票拥有数十倍于另一类股票的投票权。例如，B 类股票的投票权可相当于 A 类股票的 10 倍甚至更多，从而确保 B 类股东在持股比例很低的情况下仍然保持对公司的控制权。

最早允许双重股权结构企业上市的国家主要为美国、加拿大和欧洲的部分发达国家，而我国内地资本市场囿于《公司法》《证券法》对上市公司必须同股同权的法律强制性规定，不接纳采用不同投票权架构的公司在 A 股上市。因此，许多采用双重股权结构的互联网科技公司如百度、京东等，只能赴美或赴港上市。然而，越来越多的新经济公司采用这种股权架构设计，迫使金融监管当局意识到上市规则需要与时俱进，从而修改上市标准，为双重股权结构企业发放通行证。

2019 年 3 月 1 日，上海证券交易所发布《上海证券交易所科创板股票发行上市审核规则》，允许设置特别表决权股份的境内科技创新企业在科创板上市。2020 年 1 月 20 日，优刻得公司成功在科创板挂牌，成为沪深 A 股首家双重股权结构上市公司。

双重股权结构自问世以来，因不平等的投票权设计备受争议，国内外学者对此开展了诸多研究。双重股权结构的最大特点是控制权的不对称分配(Taylor et al.，1998)。美国作为最发达的资本市场，最早允许双重股权结构公司上市，并提供与之相适应的外部监督机制，在发挥双重股权结构的创新激励效果的同时，也保障了中小股东的权益(石晓军等，2017)。双重股权结构一方面有助于创始人及管理团队稳固公司控制权、激发其潜能和积极性，另一方面也存在中小股东权益保护不足、创始人团队攫取控制权私利等潜在风险(胡丹等，2022)。此外，双重股权结构还可能会导致信息不对称加剧，增加代理成本和监管难度(Howell，2014)。

也有学者从关系型合约视角出发，为降低双重股权结构弊端提供了一些建议。比如，通过建立更加完善的公司治理机制，缓解双重股权结构带来的代理问题(蓝紫文等，2022)。另外，引入日落条款这一内部机制，一方面能缓解投资者权益保护不足的负面影响，另一方面也能保持公司业务模式的不断变革和创新(郑志刚等，2021)。

因此，如何使双重股权结构"扬长避短"是一个重要的公司治理议题，改进现有的公司治理机制，促进双重股权结构在资本市场的运用和发展，也成为当前研究的热点问题。

近年来，随着越来越多的企业采用技术创新、业务创新、商业模式创新引领公司实现弯道超车、迅速发展，企业风险承担水平的提升变得愈来愈重要。只有能够承担较高风险的公司，才有可能在激烈竞争的市场环境中杀出重围，取得成功。如何提高企业风险承担水平，促进企业创新发展，已成为公司管理者面临的重要议题(王清刚等，2022)。从我国公司治理的现状来看，实际控制人在公司战略制定中拥有较大的话语权。双重股权结构进一步巩固了拥有高投票权的创始人在公司的控制优势，其对企业的战略决策将产生决定性影响，显著影响企业风险承担水平。

本书立足于双重股权结构企业开放上市通道的最新实践情况，聚焦双重股权结构企业，从理论和实证两方面分析双重股权结构对企业风险承担水平的影响及经济后果。

作为最重要的股权结构设计安排，双重股权结构是否有利于发挥利益趋同效应，激励创始人及管理层进行人力资本的专用性投入，从而提高企业风险承担水平？进一步地，双重股权结构影响风险承担水平的作用机制是什么？最后，双重股权结构的经济后果，即对企业价值的影响如何？本书的研究为双重股权结构的实施效果提供了微观层面企业的经验证据，也为公司进一步完善双重股权结构设计安排提供了理论指导和经验参考。

1.1.2 理论意义

本书的理论意义主要有以下几方面：

第一，拓宽了公司治理股权结构理论方面的研究视角，丰富和发展了公司治理理论体系。突破了传统公司治理理论中"同股同权"的假设，建立了包含"同股不同权"架构的公司治理理论分析框架。聚焦双重股权结构在越来越多的科创公司广泛应用的现象，并从市场环境、企业特征等角度进行分析，尝试建立更切合实际，更具包容性和实践性的公司治理理论体系框架，丰富和发展公司治理的股权结构理论。

第二，丰富了关于双重股权结构实施经济后果的研究。已有文献大都集中研究企业创新、企业价值、审计费用等方面的影响后果，尚未有文献探讨双重股权结构对企业风险承担水平的影响。本书检验双重股权结构对企业风险承担水平的影响，并考察了创始人过度自信的调节效应，进一步检验双重股权结构影响风险承担的传导路径，丰富了双重股权结构实施的经济后果及其影响机制的研究。

第三，拓展了关于企业风险承担水平影响因素的研究。现有文献主要围绕外部制度环境、企业内部治理因素、管理层激励和特征等方面探讨企业风险承担的影响因素。本书从双重股权结构这一新的公司治理视角考察其对企业风险承担水平的作用机理及其经济后果，丰富了风险承担研究领域的研究成果。

1.1.3　现实意义

本书的现实意义主要有以下几方面：

第一，对企业自身而言，风险承担水平是影响企业投融资决策的重要因素，适当提升风险承担水平有利于企业开拓创新，实现企业可持续发展，进而提升企业价值。本书以双重股权结构公司为研究对象，揭示了独特的股权架构设计对企业风险承担的影响、作用机制和经济后果。超级投票权使科创公司创始人能更好地弘扬企业家精神，积极努力进取，对于落实创新驱动发展战略、培育新质生产力有一定的促进作用。

第二，对投资者而言，2019 年 3 月，上海证券交易所设立科创板，允许存在特别表决权股份的境内科创企业 IPO 并在科创板上市，此后，越来越多的国内投资者可以购买双重股权结构企业的股票。本书密切关注资本市场现有 IPO 审核规则的重大突破，以及股权结构制度创新的效率和效果，实证检验双重股权结构的经济后果，对投资者、债权人等利益相关者更好地理解双重股权结构、作出投资决策具有重要的启示和参考价值。

第三，立足于我国对中小投资者法律保护力度偏弱的问题，为监管机构平衡公司控股股东与中小股东利益保护之间的关系，探索制定相适应的监管制度提供重要参考。科创板为双重股权结构企业在国内资本市场上市敞开大门，不仅极大地促进了双重股权架构企业的生存发展，同时也为监管部门设置科学合理的上市制度和监管规则提供了更多案例数据和大样本的经验证据。考虑到我国资本市场对投资者权益保护重视不够，监事会与独立董事监督职能形式化的问题，本书为监管机构探索更加有效的监管措施，增加监管制度的包容性与适应性提供了最新的理论依据。

1.2　研究的主要内容

本书以委托代理理论、公司治理理论为基础，充分借鉴双重股权结构的经济后果和公司风险承担水平影响因素等研究成果，对双重股权结构对公司风险承担水平的影响及其作用机制进行理论分析和实证检验，为指导科创公司设计合理投票权倍数及监管机构有效设计配套信息披露规制等提供参考。本书主要内容如下：

第一章 绪论

本章通过介绍我国科创板允许双重股权结构公司上市引入本书研究背景，介绍双重股权结构的主要内涵，并提出研究的主要问题：双重股权结构是否提升企业风险承担水平及其作用机制。从理论意义和现实意义两个角度阐述本书的研究价值，梳理研究的主要内容和框架思路，总结本书写作的主要创新点。

第二章 文献回顾

本章搜索国内外关于双重股权结构、企业风险承担的相关文献，包括双重股权结构的选择动因和经济后果(企业创新、企业价值、信息质量)、企业风险承担的影响因素(内部治理、外部环境、高管背景特征)及经济后果(企业价值、企业绩效、资本配置效率)，对上述相关文献进行归纳总结，对学术观点进行梳理分类，为下文的理论分析和研究假设构建做准备工作。

第三章 理论基础

本章为全书的理论基础，主要包括委托代理理论、企业家理论、控制权理论、智力资本理论、风险偏好理论、信息不对称理论和声誉理论等。委托代理理论解释了双重股权结构公司因现金流权与控制权的分离，容易产生第二类代理成本问题，存在控股股东侵害中小股东利益的风险。控制权理论从名义控制权和实际控制权、剩余控制权视角探讨公司控制权的分配问题。双重股权结构公司创始股东投入超额人力资本获得公司实际控制权和剩余控制权后，再次激励创始人团队投入更多的人力资本，提升物质资本配置效率。风险偏好理论解释了风险承担的意义和目的。总体而言，理论基础部分为本书逻辑框架的搭建和研究假设的推导奠定坚实理论基础，起到承上启下的关键作用。

第四章 双重股权结构在世界各地区的发展与实践

因世界各国资本市场的信息披露制度、法律环境、监管规则等存在诸多差异，所以各个国家对双重股权结构的接纳程度不尽相同，实践操作也有所差异。本章介绍美国、中国香港、中国内地这三个主要资本市场的双重股权结构的发展进程，并通过经典案例介绍进一步分析双重股权结构在其市场中的实践应用。

第五章 双重股权结构对企业风险承担的影响

本章以 2005—2022 年在美国上市的中概股民营公司为研究对象，对双重股权结构对企业风险承担水平的影响进行理论分析，提出研究假设，构建回归模型进行实证检验。然后考察企业生命周期对风险承担水平的调节作用，当企业处于成长期、成熟期、衰退期时，其风险承担水平有何显著差异。通过下载中概股公司招股说明书获取双重股权结构的数据，手工收集查找公司是否为双重股权结构公司及投票权差异倍数。

第六章　作用机制的实证检验

本章介绍双重股权结构通过何种路径影响公司风险承担水平，即双重股权结构影响企业风险承担水平的作用机制检验。本章在理论分析的基础上推导出降低代理成本、降低股利支付水平、提升信息透明度和增加研发投入四条传导路径，再采用温忠麟(2014)和江艇(2022)提出的中介效应模型进行实证检验。

第七章　进一步分析

前文的实证研究证明，实施双重股权结构会显著影响公司的风险承担水平。本章进一步考察公司特征方面的异质性是否影响公司风险承担水平，如不同的融资约束程度、公司的商誉规模、外部审计质量等是否影响风险承担水平。本章对公司在上述三方面的差异进行异质性检验，以丰富风险承担水平的研究视角。最后再探讨提升风险承担水平会对企业价值产生何种影响，是否会提升企业价值。

第八章　结论与启示

本章主要包括日落条款的设立、内外部监督机制的优化以及双重股权结构选择方面的建议。

本书的研究思路框架如图 1.1 所示。

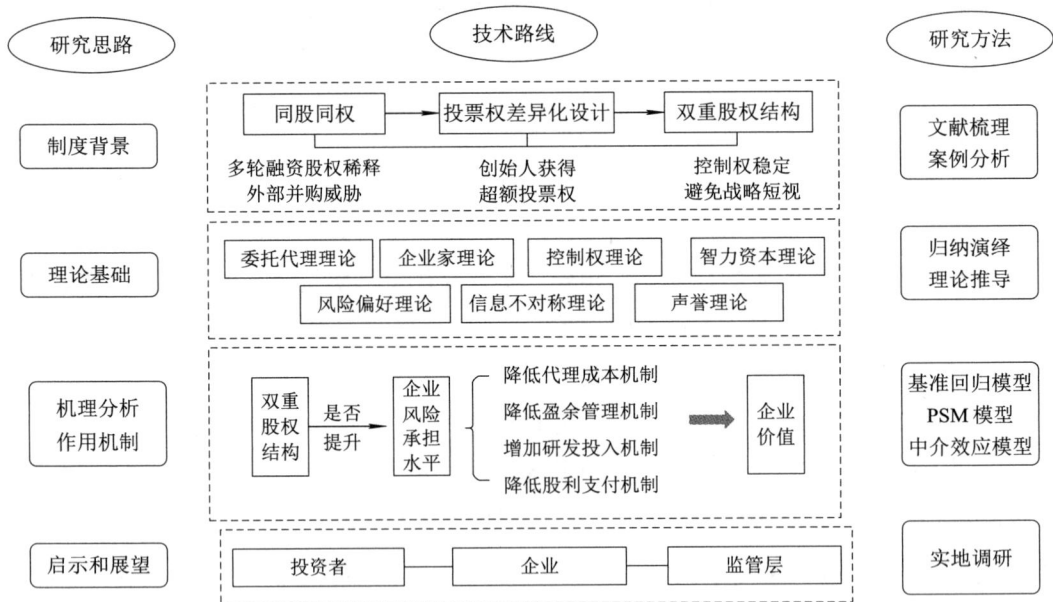

图 1.1　本书的研究思路框架

1.3 主要的研究方法

本书在以往研究的基础上实证检验双重股权结构对企业风险承担水平的影响及作用机制，进一步对企业的融资约束、商誉规模和审计质量三方面进行异质性检验。本书主要采用以下几种研究方法。

1. 规范研究法

本书主要依据委托代理理论、控制权理论、企业家理论、风险偏好理论等，运用归纳演绎的方法，遵循具体到抽象的逻辑原则，从双重股权结构公司现有案例入手，讨论特殊的股权结构设计对公司风险承担水平的影响，对具体问题进行分析总结，提炼出具有共性和普适性的结论，从而为下文的分析研究提供理论支撑。

2. 实证研究法

本书以美国中概股民营上市公司为研究对象，运用多种统计检验方法，包括 T 检验和 wilcoxon 秩和检验、OLS 多元回归模型、倾向得分匹配法及温忠麟(2014)和江艇(2022)中介效应模型等多种实证检验方法，研究双重股权结构对公司风险承担水平的影响及作用机制，提高研究结论的可靠性。

3. 案例研究法

本书以在美国上市的京东集团、中国香港上市的小米科技和中国内地上市的优刻得公司为例，详细阐述公司实施双重股权结构的动因及经济后果，为后文的实证研究提供分析思路与启示借鉴。

1.4 创 新 点

本书的创新之处有以下几点：

第一，丰富了股权结构视角对企业风险承担水平的影响研究。随着双重股权结构在互联网科技行业兴起，越来越多学者关注该类特殊股权架构带来的经济后果。本书以在美国上市的中概股为研究对象，考察双重股权结构对企业风险承担的影响及作用机制。再结合企业生命周期理论，考察不同生命周期的调节效应，丰富了关于企业风险承担影响因素的相关研究文献。

　　第二，考察双重股权结构对企业风险承担水平的作用机理，丰富了双重股权结构经济后果的研究。检验双重股权结构公司通过降低代理成本、调整股利分配、增加研发投入等方式影响公司风险承担水平的作用机制。现有关于双重股权结构与企业风险承担水平的经济后果的文献匮乏，本书基于这一研究机会，探讨中概股企业股权结构与风险承担水平的关系及传导路径，对于推动我国科创板迎接双重股权结构公司上市，完善与之相应的配套监管制度，规范资本市场秩序提供更多经验证据，同时对于优化企业股权结构的创新设计，较好地提升企业风险承担水平，增强其创新能力，推动新质生产力的发展也有一定的启示意义。

第二章
文 献 回 顾

2.1 双重股权结构的选择动因

自双重股权诞生以来，这种股权结构因其不平等投票权原则受到实务界和理论界的广泛关注，国内外大量学者对双重股权结构设计产生的原因与合理性进行探讨，研究得出的基本共识是，双重股权结构不仅能有效防范外部敌意收购，还能在获得大量股权融资时保持创始人的控制权，因此该类股权结构设计特别受新兴行业欢迎。

2.1.1 有效防范外部敌意收购

20 世纪 80 年代，美国资本市场的敌意收购愈演愈烈，双重股权结构因其对创始人赋予超级投票权，而成为大多数公司应对外部收购威胁的重要工具。1985 年，纽交所在一定限制条件下放宽政策允许采用双重股权，标志着双重股权结构在美国开始普及。敌意收购事件的增多、外部资本对企业控制权的争夺是双重股权结构兴起的源头，Adams(2008)发现，欧洲各国与加拿大等国家也逐步开始有条件地放开了双重股权结构，同时随着制度的进一步完善，双重股权结构的限制也慢慢降低。

从企业特征的角度出发，科创型企业、初创期企业具有固定资产占比较低、企业规模较小、技术更新较快等特征，导致其被敌意收购的可能性增高。这类型企业的稳定发展需要长期稳定的管理团队和控股股东的支持，采用双重股权很好地满足了这两点需求，有效抵御敌意收购的发生。美国证券价格研究中心的数据表明，1988—2007 年间，多数 3C 电子行业公司在进行 IPO 时选择了双重股权。Samrt 等(2006)研究发现，在 IPO 后 5 年内，采用双重股权制度的企业被收购的概率显著低于采用同股同权制度的企业。从公司内部股东的角度来看，双重股权结构可以降低敌意收购的风险，保护公司对其人力资本的投资(Jordan et al.，2016)。

此外，Michaely 等(2002)研究了 94 家以双重股权结构作为反收购方式的公司股东财富效应，虽然双重股权结构的实施对于企业来说能有效防止其被敌意收购，然而当公司宣布采用双重股权结构后，公司的股价显著下降，股东财富效应显著表现为负回报。黄臻(2015)研究认为，双重股权结构可以很好地解决企业在初创期或成长初期进行股权融资就会使得创始人控制权被稀释，从而导致企业被敌意收购这一问题。陈梦君(2019)结合京东的案例，指出双重股权结构的应用提高了公司对抗外部敌意收购风险的能力。马连福(2020)分析认为，创始人团队运用双重股权结构可以牢牢地把控制权握在自己手中，在一定程度上避免因股权融资而带来的控制权稀释问题，减少被敌意收购的风险。

2.1.2　保障创始股东控制权和满足融资需求

控制权保持的本质是"将有投票决策能力的股权留在创始人手中，拿没有投票权或具有微弱投票权的股票去融资，投资人几乎没有决策权，却有平等的收益权"。创始人同股同权上市可能面临失去企业的威胁，理性选择是采用双重股权结构上市，否则宁愿失去融资机会。通过采用双重股权制度，公司可以有效避免被敌意收购，使创始股东免受资本市场与公众股东短期业绩要求压力的影响，采取最利于公司长远利益的发展战略，不断进行创新。虽然双重股权结构可能会弱化公众财务投资者利益保护，但有利于充分发挥创始股东的才能，提高公司效率，是经济社会对创新的鼓励，是投资者契约自由选择的必然结果。创始股东往往将公司视为自己的孩子与毕生的事业，因此他们通常具有长期的管理经验、敏锐的市场判断、强大的个人魅力和威信。特别是科创企业创始股东拥有丰富的行业经验、创新意识、战略眼光、极强的影响力和感召力，对于公司的稳定发展，对于长期目标、使命的达成起着不可替代的作用。

研究表明，企业引入双重股权结构的初衷，都是使创始股东和高层管理者等内部股东在公司不断发展壮大的过程中，以更少的现金流牢牢把握住公司投票权和控制权(Demsetz，1985；DeAngelo et al.1985)。Boehmer 等(1995)对美国上市公司的研究表明，实施双重股权结构的企业，其管理团队能够在创始人团队的影响下规划公司的长期发展，与传统的股权结构相比，双重股权结构赋予创始人更多的控制权，使其对公司的发展方向有更好的控制，并能够更灵活地适应市场条件。Tinaikar 等(2014)认为，如果创始人团队拥有大部分的特别表决权股份，能够确保他们对公司的控制。Li 等(2018)研究发现，在上市时选择双重股权结构的关键因素主要取决于创始人的选择，因为双重股权结构使创始人有最大的权力保留对公司的控制权，从而减少可能出现的资产风险。张燕和邓峰(2019)从股东异质性角度考察阿里巴巴和京东两家公司的差异，发现双重股权结构能够最大程度保护企业创始人的控制权。同股不同权模式满足了创始股东们开创公司所需的大量资金，且消除了控制权旁落的风险。

同时，双重股权制度的实施能够帮助公司解决创始人融资难题。科技创新类企业往往具有轻资产、重人力资源、高研究投入与融资需求大的特点，公司创始人在公司经营中起着举足轻重的作用，常常面临控制权维持与股权融资的矛盾。双重股权结构将股票控制权和经济权相分离，将只有经济权能的股票以市场化方式流转，以较低成本引入外部财务投资者，从而获得发展资金，相比于银行贷款的高门槛与民间借贷的高利率，提高了股权配置效率，有利于公司快速成长与发展，在满足财务投资者收益的同时又不会削弱创始人对公司的控制权，有效解决了新经济产业创始人的融资难题。杜媛(2020)认为，在创始人没有被取代威胁的情况下，采用双重股权结构，可以让公司获得长期发展所需资金，保证公司战略顺利实施，缓解公司的融资约束。池昭梅和陈炳均(2020)以小米集团为案例研究，发现双重股权结构既能确保公司创始人的实际控制权，也能帮助公司获得融资需求。

2.1.3 新经济行业广泛采纳

根据美国证券价格研究中心(Center for Research in Security Parice，CRSP)的数据，在1988—2007 年间，使用双重股权结构的公司占美国上市公司总数的 7.2%，其中大部分为从事计算机、电子设备、通信传播、打印、化工、测量仪器等行业的公司，从动态角度看，传统行业对双重股权结构的使用在减少，而新兴行业对双重股权结构的使用则持续增多。通过对 1990—1999 年间 Compustat 数据库中的美国上市公司数据进行分析后同样发现，媒体行业或年轻企业更倾向于采用双重股权结构，而股票收益波动率高的企业则相对更少采用双重股权结构。中国的情况也是如此，为采用双重股权结构或类似结构而转赴美国上市的企业，也多以新兴行业的高科技企业为主。2001—2010 年的 10 年间，加拿大上市公司中，采纳双重股权的公司超过 15%(Jog et al.，2010)，1998—2009 年的 12 年里，美国 6.1%的公司采用了双重股权结构(Arugaslan et al.，2009)，其后的 5 年时间里(2010—2014 年)，该比例上升至 10.1%。统计表明，采用双重股权结构的公司主要集中在互联网领域(Howell，2014)。

2.2 双重股权结构的经济后果研究

2.2.1 对公司经营发展的积极影响

1. 有利于融资且确保创始人控制权

以互联网企业为代表的科技类公司，在创始初期需要获取大量现金流从而使得战略计划顺利实施，短期投资回报较难实现，债务融资额度有限且条件苛刻，因此外部股权融资成为获得资金的主要渠道。股权融资不用支付固定利息，但是会稀释创始人对企业的控制权。然而，双重股权结构在满足企业资金需求的同时，通过设置超级表决的方式，确保创始人对公司的控制权，可以很好地弥补股权融资的短板(王鳌然、胡波，2018；王烨等，2022)。比如，2012 年 Facebook 上市时，其创始人扎克伯格(Zuckerberg)仅持有公司28.2%的股份，却拥有高达 57.1%的投票权。Google 公司创始人拉里·佩奇(Page)和谢尔盖·布林(Brin)仅拥有公司 15%的现金流权利，却通过双重股权结构设计持有 Google 公司56%的投票权。这种不平等的投票权设计创造性地解决了科技公司融资与控制权保留难以兼顾的难题。双重股权结构制度对投资者并无不公，因为，当投资者投资一家双重股权结构公司时，他们是投资给长期信任的人，比如 Google 的 Page 和 Brin、Facebook 的 Zuckerberg 和阿里巴巴的马云。投资者基于对这些拥有卓越知识和能力的人的信任而自甘放弃部分投票权，使这些能力卓越的人控制公司的发展方向和战略，以期为公司进而为投资者创造更多价值。

2. 减少敌意收购的风险

传统的同股同权企业面临着较大的被收购的风险。在资本市场中，敌意收购事件的增多，外部资本对企业控制权的争夺也是双重股权结构兴起的重要原因(Adams，2008)。21世纪以来，信息领域技术革新带动科技创新企业蓬勃发展，这类企业固定资产较低，被收购的风险极大，且需要靠研发投入获得发展，更需要企业经营团队和策略的稳定性。双重股权结构的最大优势在于能够为财务资本和智力资本提供长期和稳固的链接，使企业创业团队始终掌握着具有决定性投票权的特殊股份，恶意收购者难以通过收购流通股股票的方式拥有企业的控制权，大大降低了被恶意控股的可能性。双重股权结构抵御了敌意收购行为，避免了企业决策权更迭的威胁，以及由此引起的公司决策屈服于中小投资者对短期利益的偏好(宋建波等，2016)，更加关注长远利益，使公司创始人的长远规划和企业家精神惠及包括中小股东在内的公司全部股东(Cipollone，2012)。

3. 提高企业创新水平

企业创新在带来高回报的同时，也意味着高风险。双重股权结构有利于高风险背景下投资者和融资者的合作，动态地促进资本与创新的对接。双重股权结构制度下，创新企业的融资方和投资方会基于各自的不同利益偏好匹配风险，在自愿结合下形成合力，并最终达至双方共赢。双重股权结构对企业创新的影响主要表现在专用性人力资本的投入。企业创新活动具有高风险、高成本的特点，带来的效益是可观的，但是需要企业有一定的失败承受能力，即对风险投资失败具有一定的容忍度。如果管理层具有一定的风险容忍度，则无需过度担心其投资决策带来的经营风险，能够有效推动创新活动的实施(Ederer and Manso，2014)。双重股权结构能够保障管理层绝对控制权地位的稳定性。当管理层作为企业的决策者面临一定的市场压力时，双重股权结构作为"一剂定心丸"能够使得管理层更积极地面对可能发生的短期失败风险，减少短视行为，使其更专注于具有高风险、高效益、高回报的长期项目研发投资。Paul 等(2010)研究了 362 家拥有双重股权结构的公司与创新的关系，发现双重股权结构在高新技术部门、面临创新困境的行业、被外部收购威胁的企业以及严重依赖外部股权融资的企业中有更优的创新效应。双重股权结构在总体上显著促进了企业创新投入的增加，促进企业创始人担任 CEO，降低高管非正常离职率，减少了 CEO 的更替(Scott B et al.，2007)，鼓励创始人团队持续的人力资本投资，促进企业创新能力提升(郑志刚等，2021)。科技董事作为一种有效的协同治理机制，在双重股权结构的企业中有重要作用，在创始人控制、有股权激励的企业，科技董事更能发挥协同治理作用促进企业创新，并且这种作用主要来自外部科技董事。科技董事占比越大，企业创新产出越大。科技董事既能够凭借其技术专长有效识别市场机会，减少信息不对称，降低双重股权代理问题，也能够通过制定预防性策略降低失败风险，增加预期收益，从而增强高管人力资本专用性投资动机来促进企业创新(李云鹤等，2022)。

然而，也有一些学者从不同角度提出了不同的观点。Andrey Zagorchev 等(2020)在1994 年北美自由贸易协定(NAFTA)的外生冲击的背景下，使用 DID 模型，发现由于管理层的地位根深蒂固，实施双重股权结构会降低公司创新但是能提高运营效率。双重股权结构对全球互联网行业上市公司研发创新投入有显著的促进作用，但在外部治理机制不完善时，会抑制研发创新投入(石晓军等，2017)。郑志刚等(2021)对赴美国上市的中概股公司进行研究后发现，总体上双重股权会促使企业加大研发投入，但主要体现在附有日落条款的公司中。在投资效率方面，双重股权结构公司更多地表现为过度投资，并且管理层投票权和现金流权对非效率投资分别产生了不同的影响，前者促进非效率投资，后者抑制非效率投资，投票权和现金流权分离度越大，企业非效率投资行为越严重，从而对企业的创新绩效产生不利影响(蒋冬梅，2018)。双重股权结构在运作过程中可能引发堑壕效应或利益趋同效应，但其对企业创新活动的总体影响表现为积极，具体体现在提升企业的研发投入和专利产出。然而，这种正向效应并非无限增长，而是与投票权倍数的增加呈现出倒 U 形关系，即存在一个临界点，超过该点后促进作用逐渐减弱。特别是在高科技行业、面临高融资约束以及受到外部高度关注的企业中，双重股权结构对创新的正面推动作用更为显著(杨青，2021)。这一发现对于理解双重股权结构与企业创新之间的复杂关系提供了重要视角。

4. 满足不同层次股东的异质化偏好

与国内相比，国外更早进行了股东异质性的相关研究，Jensen 和 Meckling(1976)指出股东不是同质的，并根据股东的不同质将其区分为外部股东以及内部股东。1991 年，Bagwell(1992)第一次从股权供给曲线弹性视角验证了股东异质性并且提供了相应证据。Edelman 和 Thomas(2005)认为，不同股东在投资目标、投资偏好和看法上千差万别。国内学者余怒涛、张华玉和李文文(2021)提出，大股东之间的异质性是客观存在的，不同大股东的利益需求有区别，而利益需求的差异又决定了大股东行为决策的差异。研究发现在双重股权结构的框架下，公司发行普通股时能够灵活根据股东的不同偏好及公司融资的实际需求，进行非等比例的权利配置。冯果(2016)将股东异质性与双层股权结构结合分析，从股东异质化的现实分析论证了不同股同权的合理性，认为一股一权投票权设计与股东异质化的现实的结合，导致满足股东偏好的成本过高、治理效率低、公司利益与股东利益不一致等问题，而采用双重股权结构可以有效解决这些问题。缪霞(2019)认为，最大化自身的利益是投资者最终的目的，但不同股东达成这一目标的路径存在较大差异，其分析了不同股东的差异并将其分为经营性股东、投资性股东以及投机性股东三类。

5. 提高公司决策效率

双重股权结构可使股东根据自身偏好各取所需，降低资源配置的成本。控制权的集中使公司信息有效、低成本传递到董事会并促使其作出高效的集体决策，公司控制权因股权的非比例性配置，被分配到有专业知识或治理能力且能积极参与公司治理的股东手中，从而提升集体决策的效率。在双重股权结构下，创始人同时拥有决策权和控制权，决策效率更高，对决策的贯彻执行更加坚决，从政策制定到执行的环节更少，意见更加一致，效率更高。与投资者看重短期经济效益不同，创始人作决策时往往更注重企业未来的发展，决策效率也更高。

李海英等(2017)研究发现，双重股权结构使得创始人团队对企业的控制能够得以保持，所以公司集体决策的成本得以降低。张阳(2017)认为，双重股权结构使得公司创始人掌握了企业的发展方向，可以提高企业的决策效率，降低企业的代理成本。郭雳和彭雨晨(2019)研究认为，双重股权结构可以提高公司的决策效率，一般来说，科创型企业创始人的个人能力较强并很难转移给其他人，只有创始人有足够的投票权，公司的决策效率才能最大化。陈文强、贾生华(2015)分析 2006 年至 2013 年国内上市公司的经验数据后认为，股权激励可以在一定程度上抑制第一类代理成本，并显著提高公司业绩。胡泽民、刘杰、莫秋云(2018)经过实证分析得出：适度的股权集中度能够有效降低第一类代理成本，改善公司治理，提高企业业绩。蒋学跃(2014)在其《公司双重股权结构问题研究》一文中指出，通过设立双重股权结构来稳固掌握公司控制权的管理层，能够在一定程度上避免受到市场短期压力的影响，从而更加自由地依据效率原则和市场规律来制定决策，减少为了抵御收购而作出的可能不利于公司长期利益的投资决策。这种结构为管理层提供了更为稳定的决策环境，使他们能够更专注于公司的核心价值创造与可持续发展。

2.2.2　产生控制权滥用的消极影响

国内外越来越多的企业开始实施双重股权结构，但双重股权的发展一直存在着质疑的声音，在传统的"同股同权"结构下，投票权与剩余价值索取权一一对应，双重股权的出现，打破了这一平衡。拥有超级表决权的股东拥有更多的话语权，此时控股股东会作出有利于自身的决策，很可能与中小股东的利益产生冲突。

公司治理中，"大股东"现象普遍存在，Grossman 和 Hart(1988)以及 Shleifer 和 Vishny(1997)都曾在研究中证实控制权衍生的收益的存在。John 等(2008)将其定义为"大股东隧道挖掘效应"——一种侵害小股东利益的现象。而对于采用双重股权结构的企业，拥有超额表决权的实际控制人便成为了"大股东"，对除自身以外的所有股东都存在利益侵犯的可能性。

首先，背离"同股同权"原则在法经济学中将导致代理成本增加。代理成本中很大一部分来源于委托人对代理人的监督(Michael and Willian，1976)。在同股同权股权结构的公司中，股东的投票权是控制代理成本的最好方式(Dougals et al.，1989)。当投票权与收益权发生背离时，投票权累积的控制权将使控制人的利益与公司整体利益之间产生分歧，控制权人可能会利用这种控制权谋取私人利益，而牺牲公司整体的利益。而且控制权与剩余索取权背离程度越高，这种风险就越大(Michael and William，1976)。如果股东认为公司代理成本过高，对公司的管理者不满意，股东可以在股东大会中利用自己手中的表决权改选管理层。为了达到改选的目的，股东还可以通过增持股份的手段加大表决权比例。但是在采用双重股权结构的公司中，公司创始人或高管持有的超级表决权股票的表决权比例超倍增加，普通股东持有的 A 型股票的表决权超倍递减，所以即使普通股东认为公司的代理成本剧增，他们也无法通过投票权实现对代理人股东的监督。

另一方面，普通股东对公司控制股东缺乏监督的状态持续存在，也会使公司控制股东怠于履行对普通股东的信义义务(范世乾，2012)，辜负普通股东的信任或信赖，不是以最大的忠诚为普通股东的利益最大化勤勉工作，而是凭借超级表决权任性。在早期的委托代理理论下，Harris 和 Raviv(1988)提出同股同权能够保障股东间的利益公平和利益最大化。但随着企业的发展，关于同股同权结构的研究不断地深入，学者发现，在同股同权结构下，控股股东对企业会产生堑壕效应和激励作用(Dyck and Zingales，2004)。张祥建和徐晋(2007)提出，控股股东对企业的实质控制权为他们侵害其他股东利益提供了天然的便利。Nenova(2003)认为，当股东的表决权超过收益权时，会进一步加大堑壕效应。与此同时，Bennedsen(2004)的研究也表明，双重股权表现出的现金流权与表决权分离会强化堑壕效应，因此双重股权结构会带来代理成本的提升。郭霂和彭雨晨(2019)研究认为，双重股权结构具有如下缺陷：产生高昂的代理成本；导致公司内外部监督机制全部失效；积极影响随着时间推移将会逐渐减弱等。

进一步分析表明，采用双重股权结构还可能出现实际控制人滥用权力引发道德风险问题。在实施双重股权的企业中，公司的控制权和收益权不成比例，相比其他中小股东，控股股东对公司重要事项有着绝对的控制权。在进行企业经营时，控股股东在企业中投入的人力、物力、资金往往更多，这也促使控股股东想获取更大的报酬，拥有超额表决权的控股股东更可能为自己谋取私人利益而损伤到其他股东利益。Hoi 和 Robin(2010)提出，双重股权结构企业的管理者拥有高于其现金流权的控制权，为大股东侵犯小股东权益提供了便利。在决定公司的发展方向并掌控其控制权的过程中，管理层倾向于构建一种高投票权与低现金流权并存的股权结构。这种权力与权益的不对称结构不仅可能侵害投资者的利益，而且可能导致公司治理效率的下降。经过深入分析，我们发现，管理层中的两权分离程度越高，其决策过程越倾向于任性，进而可能导致公司价值的降低。

此外，管理层控制权比例的提升往往伴随着企业关联方数量的增加，而这一现象同样对公司价值产生负面影响(李鸿渐、张辉，2021)。创始人更容易利用其表决权的集中做出损害其他股东利益的行为，而在中小股东利益受到侵害时，并没有合理的保护机制能够使中小股东维权。内外部监督力量的削弱，使得限制投票权股东缺乏有效的内部救济机制，无法在公司内部有效制衡超级投票权股东的肆意行为，也会导致限制投票权股东的利益受损(杜佳佳、吴英霞，2018)。创始人在双重股权结构下，仅仅通过较小的公司股份就能够控制公司，增强了滥用权力的可能性，会损害其他股东的利益。

并且，在双重股权结构下，实际控制人对企业股利分配有着绝对控制权，出于自利行为，实际控制人仅持有公司少数股份，股利的发放并没有为其带来较大的利益，实际控制人便可以减少股利的派发，损害中小股东的收益(韩宝山，2018)。在采用"一股一权"股权结构的环境下，中小股东参与股东大会的机会往往受限。即便他们能够出席股东大会，由于持股额度较小，他们通常难以对大股东的提案和决策提出实质性的反驳。为了维护中小股东的合法权益，我国公司法完善了临时股东会的请求权和自行召集权，增强了中小股东的知情权，规定了累积投票制、异议股东回购请求权、公司决议的撤销请求权以及公司陷入僵局时解散公司请求权等权利，但这些权利只是作为一种制度或救济手段存在，其只能体现股东的民主化，并未体现其平等性，也没有从根本上保护小股东利益(吴英霞，2015)。若中小股东能够集结起来，集体行动，他们的联合表决权或许能超越部分大股东，从而为自己争取更多的权益和影响力。这种联合行动展现了中小股东通过集体力量改变公司决策格局的潜力(李贤森、严依涵，2016)。在双重股权结构下，中小股东参与决策的权利名存实亡，使得监督功能失效，这就意味着实际控制人更容易侵害中小股东的利益。

从内部监管的视角出发，双重股权架构下，中小股东的实际决策参与权形同虚设，导致对企业管理层的监督机制缺乏有效着力点。Shleifer(1997)的研究揭示，这种架构允许管理层以少量股权掌握公司控制权，进而可能使得对管理层实施监督更具有复杂性和挑战性。在公司整体福祉层面，2013 年，马云未获股东批准即推动支付宝私有化的案例，激起了公众对双重股权架构下控制权滥用的广泛忧虑。詹森的理论指出，控制权与现金流权的分离可能诱使控股股东利用控制权为个人谋利，从而损害公司整体利益。梁上上(2005)则明确指出，高投票权股东的行为倾向往往基于自身利益最大化，这无形中削弱了普通投票权股东的利益保障。

陈云俊(2014)进一步分析指出，双重股权结构在保护普通及中小股东权益方面存在显著不足。叶勇与徐秋子(2014)的研究则揭示了该架构下可能出现的一系列问题，包括控制性股东侵占上市公司及股东利益、公司治理结构效能减弱，以及控制权监督功能的退化。朱慈蕴等(2019)则强调，内部人控制现象可能引发严重的机会主义行为，对公司长远发展构成威胁。综上所述，双重股权结构在提升管理层效率的同时，也伴随着对中小股东权益保护、公司治理透明度及监督有效性的深刻挑战。

最后，控股股东与投资者股东间的利益目标不同，也使得投资者股东利益受到侵害。作为拥有低表决权的中小股东，在选择投资的公司时看中的是公司的经营状况和发展空间，希望通过持有经济状况较好公司的股票来获得更高的经济收益。因此，这类股东更关心所投资的公司是否能有更大的盈利空间，持有的股票在二级市场是否有增值空间，"逐利性"是这类股东的本质，其只可能在公司决议中对符合自己短期快速盈利的决策投出赞成票，相比较公司长远发展、经营长期利益，他们更在乎短期获利，尽管这样的迅速盈利会透支公司未来的发展寿命。相比较纯粹的经济利益，作为创始人的超级表决权股东会更重视对公司内部的治理，希望提升品牌价值和竞争力，从中获得满足感。在公司进行决策的过程中，因为低表决权股持有人和超级表决权股持有人的投资目的不同，二者之间面临长期利益和短期利益的冲突，长期冲突会不利于公司的长期发展。超级表决权股持有人享有的表决权优势让其稳定地享有对公司决策的控制权，低表决权股东在公司决议中主张维护自身权益的目的就不能实现，双方之间的利益冲突会在公司决策中不断积累，从而对公司的经营产生不利影响。

2.2.3　对企业价值的影响

双重股权结构作为市场力量相互博弈的产物，其在企业价值塑造上的作用仍存争议。从长远的视角来看，稳定的控制权促使创始人更加聚焦于企业的长期发展，从而在企业战略与策略的制定上倾向于长远规划(陈若英，2014)。相比之下，在同股同权的上市公司中，管理者常承受着股东追求短期利益带来的压力。无论是机构投资者还是个人投资者，他们往往更关注短期回报而非公司的长期发展(胡洁，2002)。然而，公司的创始人通常对公司的经营与长期发展怀有深厚的情感与责任，他们高度关注管理权问题，并努力通过各种手段确保管理权的稳固。

双重股权结构的引入，为公司关键人物提供了稳固的控制权，有效防范了敌意收购的风险。在这种结构下，轻资产公司可以避免过度依赖债务融资导致的高额负债，同时也能防止多轮融资带来的股权稀释和控制权丧失。特别是在网络技术公司中，这种结构使得创始人能够更加自如地运用其技术与专长，推动公司的长远发展。例如，Facebook公司采用了"双重股权＋代理投票权"结构，使得扎克伯格凭借28.4%的股份便掌握了56.9%的投票权，确保了公司控制权的稳固。正如Facebook的声明所述，这种双重股权结构旨在维持现有股东对某些议题的表决权，以确保公司持续专注于长期发展，构建伟大的企业。

现有的资本市场都已经以机构投资者为主，委托人与管理者都更关心短期回报，但在个人投机者角度，投资上市公司更多地考虑长期战略。双重股权使得创始股东与管理者不需承受市场压力，能够以实现企业长远发展为目标。王媛和傅康生(2017)以中国公司在美国IPO为研究对象，经过深入研究后发现，采取双重股权结构的上市公司在研发费用上显著超越了单层股权结构的公司。这一发现进一步强化了创始股东与管理层对公司发展方向的坚定愿景。他们选择通过双重股权结构进行首次公开募股(IPO)，旨在支持未来长期的投资项目。在面临外部投资者可能带来的短期利益压力时，管理层倾向于保持对公司控制权的掌控，以确保能够持续投入创新资源，从而推动公司长期项目的稳健运行。关于双重股权结构的现有文献，主要围绕其带来的成本与收益进行深入分析。双重股权结构的显著优势在于，它使得控制人在引入外部资金的同时，能够维持对公司的控制权，这为公司提供了强大的防御机制，以抵御接管和经理市场的潜在威胁，从而使公司能够更专注于长期发展战略。

此外，在双重股权结构下，公司管理层通过策略性地影响信息披露，有效地降低了产品市场竞争对手对公司内部信息的窥探(Fan and Wong，2002)。这种策略不仅降低了控制人面临的非系统风险，还鼓励了实际控制人对企业进行更多的人力资本专用性投资，从而进一步推动了公司的长期稳健发展(Fischel，1987)。基于企业价值的视角，Gompers 等(2010)针对 1995 年至 2002 年间在美国上市的双重股权结构公司进行了深入分析。研究揭示，公司控制股东所持有的现金流权与公司价值呈正相关关系，即控制股东现金流所有权越高，其提升公司和股份价值的动力愈加强烈。然而，控制股东持有的表决权与公司价值呈现负相关趋势，当其表决权增加时，侵占行为的风险上升，且可能阻碍外部股东在业绩不佳时对公司职务的任免。多数实证研究均指出，双重股权结构在某种程度上确实增强了上市公司的价值。

Lumpkin 等(2005)的研究发现，在宣布双重股权结构资本重整后，上市公司的股票价格并未出现非正常的消极波动。Jog(2010)则针对 1996 至 2005 年间在加拿大多伦多证券交易所上市的限制表决权股份公司进行了考察，结果显示，相较于一股一票的公司，这些双重股权结构公司在公司价值、业绩表现和股份长期回报上并未显示出明显的劣势。

Runyan 等(2008)的研究样本与 Lnmpkin 等(2005)存在重叠，他们发现宣布双重股权结构资本重整的上市公司在决策后，股价平均上涨了 0.88%。Valentin 和 Prem(2004)的研究进一步指出，虽然短期内公司股价在宣布双重股权结构资本重整后平均下跌了 0.06%，但四年后，这些公司的股价平均上涨了 23.11%，整体而言，双重股权结构对公司价值产生了正面影响。

MSCI(摩根士丹利资本国际公司)2017 年发布的研究报告亦支持了上述观点，发现从 2007 年至 2017 年，双重股权结构的上市公司在市场表现上总体优于同股同权的公司。Jordan(2016)的研究也表明，采用双重股权结构的公司能够避免市场的短期业绩压力，相较于同股同权的公司，它们拥有更好的成长机会和更高的市场估值，这一发现与 MSCI 的研究结果相呼应。

2.3 公司风险承担的影响因素研究

2.3.1 内部治理环境

股权结构是公司治理研究中的焦点，已有研究表明企业产权性质会影响企业风险承担水平(余明桂等，2013)。公司股权结构对风险承担存在一定影响，多个大股东并存产生的治理作用会缓解企业的委托代理问题(姜付秀等，2017)，在拥有多个大股东的股权结构下，内部监督机制加强(王美英等，2020)，约束控股股东的控制权私利行为，公司的股价崩盘风险显著低于单一大股东(朱冰，2018)。大股东的监督会制约管理层的机会主义行为，抑制低风险投资决策(Attig et al.，2013)。或者是出于利己主义的原因，迫使管理层选择低风险的投资项目，更稳健地提升公司收益(John et al.，2008；Mishra，2011)。然而，当我们从股东之间的权力结构出发时，股权分散度会对公司风险承担产生重要影响。Faccio 等(2011)、Koerniadi 等(2014)以及国内学者王美英等(2020)的研究表明，若股东之间能够形成良好的相互制衡机制，且股权相对分散，这样的股权结构有助于提升公司的风险承担水平，因为它减少了单一股东对公司决策的过度控制，促进了决策过程的民主化与科学性。但与此同时，也有研究者如朱冰等(2018)提出了相反的观点，认为股权过度分散可能导致"搭便车"现象和过度监督的问题，反而降低了公司的风险承担能力，因为低股权集中度使得股东缺乏足够的动力去积极监督管理层，且监督成本易被分散承担，最终影响了公司的风险承担决策。进一步地，关于股权集中度与公司风险承担的关系，学术界还存在"U 形"曲线的观点。解维敏和唐清泉(2013)以及苏坤和张健(2016)的研究指出，股权集中度对公司风险承担的影响并非简单的线性关系，而是呈现出一种先降后升的"U形"趋势。这意味着在股权集中度适中的情况下，公司风险承担可能达到最低点，而随着股权集中度的进一步提升或降低，公司风险承担水平会有所回升。

除了大股东外，机构投资者希望公司能够进行更多风险投资进而提升公司价值(Wright，1996)。机构投资者通过干预公司决策限制管理者的风险规避行为，进而影响公司风险承担(朱玉杰、倪骁然，2014)。家族公司则表现出风险规避的倾向(Du et al.，2022)。夫妻共同持股的家族公司更倾向于聘请女性高管，表现出较低的大男子主义倾向，风险承担水平显著更低，从而实现更加稳健的经营(肖金利等，2018)。企业"金字塔"股权结构的层级越多、结构越复杂，企业风险承担水平越高(刘志远等，2019)。国有企业的风险承担水平显著低于民营企业和外资企业(Boubakri et al.，2013)。国有资本参股能够显著提升民营企业的风险承担水平(陈明等，2021)，一方面，民营企业借助国有资本更易于获得政府补助；另一方面，国有资本参股向外界传递政府认可和扶持企业的利好消息，进一步缓解企业与银行之间的信贷歧视问题，在企业面临债务危机时易于通过债务重组、债权人协商等一系列措施挽救企业，增强企业的债务融资能力，从而提升企业风险承担水平，且在行业竞争程度较高、地区金融发展水平较高以及经济政策不确定性较强的地区(张建宇等，2023)，以及参股国有股权来源于本地时(牛枫等，2022)效果更显著。

董事会作为公司内部治理的重要机制，在起到监督作用的同时也为企业提供一定的社会资本。在资源需求方面，董事会外部社会资本拓展了公司企业获取多样化知识与技术的渠道；在组织能力方面，董事会外部资本可以快速获取行业动态、新兴技术研发情况，迅速捕捉潜在市场机会；在组织文化方面，董事会外部资本促使企业接触更多新颖观点和商业实践，克服组织僵化和能力陷阱。董事会外部资本的特征使得其更有利于企业探索模式的创新(武立东等，2024)。董事长和总经理的社会网络对企业风险承担的影响不同，前者构建的社会网络比后者构建的社会网络更有利于提升企业的风险承担水平(张敏等，2015)。市场竞争程度较高时，董事会可以通过提高债务类型的补偿激励水平减少过度的风险承担(Sheikh，2019)；市场化程度低时，社会网络可以提升风险承担水平(张敏等，2015)。

另外，数字化转型与企业内部治理联系紧密，相互促进。不少学者研究发现，数字化转型可以提高企业风险承担水平，这种提升作用在小型企业、处于成长期和成熟期的企业以及民营企业(王会娟等，2022)、盈利能力较弱的企业(林菁等，2022)中效果更显著，并通过缓解融资约束、降低代理成本来发挥作用。债务代理成本理论指出，债权人与股东和管理者之间存在明显的风险代理冲突。企业发行公司债券之后，由于企业风险由利益相关者共同承担，如果项目投资成功，股东可以获得高额的风险溢价收益；如果投资失败，债券投资者将会承担一部分损失风险。债券投资者通过设置债券契约条款，可以防范企业过度提高风险承担水平带来的不对等损失，并且公司债券中的债券契约条款越严格，企业的风险承担水平越低(郭瑾，2022)。另外，伴随企业成长性和商誉减值准备计提比例的提升，商誉会显著影响企业风险承担，这是由风险承担的动机和能力以及商誉本身所反映的高管过度自信所共同决定的(周泽将等，2019)。

2.3.2　外部制度环境

外部制度环境主要体现在各项制度机制和政策的实施以及企业的外部经营环境。社会矛盾会加剧小规模企业的风险承担水平，而良好的产权制度可以缓解社会矛盾，从而提升企业的风险承担水平(杨瑞龙等，2017)。《萨班斯法案》的实施显著强化了企业内部控制框架的构建，扩大了独立董事的阵容，并提升了董事会的决策权限，这一系列举措有效降低了企业的风险承担水平(Bargeron et al.，2010；Cohen et al.，2013)。Low(2009)的研究表明，特拉华州通过增强并购保护机制，同样促使企业风险承担有所减少。在国内研究视角中，权小锋与吴世农(2010)发现，提升公司信息披露质量能够减少信息不对称，促进信息流通，进而减轻因业绩波动带来的经营风险。张三保与张志学(2012)则指出，良好的区域制度环境对公司风险承担具有显著的抑制作用。在法律维度上，John 等(2008)和 Boubakri 等(2013)的研究表明，薄弱的法律保护环境易诱发管理者的资源掠夺与转移行为，增加投资失败的风险。而通过强化对投资者的法律保护，可以有效遏制管理者的自利行为，减少风险规避策略，改善利益侵占及委托代理问题，从而提升决策质量与公司价值。李海霞与王振山(2015)进一步指出，投资者保护作为外部治理的关键机制，能够增强公司信息透明度，提振管理层信心，并降低风险承担。此外，投资者保护还通过优化利益分配与代理关系，进一步巩固了这一积极效应。从债权人权益保护的角度来看，Acharya 等(2011)与 Castro Martins(2020)的研究发现，强化破产债权保护，赋予债权人更多权利，虽在一定程度上削弱了股东保护，但严格的破产程序与高昂的破产成本迫使企业减少现金流与财务风险承担。在国内，石大林(2015)的研究表明，市场化进程的加速有助于降低公司整体风险承担水平，而李文贵与余明桂(2012)则发现，这一趋势在中小规模国有公司与非国有公司之间的风险承担差异上表现尤为明显，进一步凸显了市场化改革对不同类型企业风险承担行为的差异化影响。

在政策实施方面，与未获得产业政策支持行业中的企业相比，获得产业政策支持行业的政府补贴和贷款支持力度较大，企业风险承担相对较高(张娆等，2019)。以"金税三期"工程为准自然实验，闫华红等(2022)研究发现，税收征管数字化显著提升了企业风险承担水平，并通过降低代理成本和融资成本，提高企业风险承担水平。在非国有企业中，经济政策的不确定性显著提升了公司的风险承担水平，而股权的集中程度则在一定程度上削弱了这种正向关联。这种不确定性往往源于地方官员的更迭，导致企业风险承担随之攀升(刘志远等，2017)。研究指出，紧缩的货币政策环境下，公司风险承担普遍下降，且这种影响因行业而异(胡育蓉等，2014)，原因在于非融资渠道的受限降低了地区整体企业的风险承担能力(Arif and Lee，2014；Mclean and Zhao，2014)，此现象在非国有企业中表现得尤为显著(林朝颖等，2014)。相反，宽松的货币政策则促进了公司风险承担的提升(周彬蕊等，2017)，提高了企业对风险的容忍度(金雪军等，2018)。

在产业政策层面，激进政策可能通过增强管理者的过度自信，进而增加公司的风险承担(毕晓方等，2015)，因此建议政府政策干预需保持在合理边界内(毛其淋、许家云，2016)。同时，产业政策带来的优惠贷款与补贴政策显著提升了公司的风险承担水平(张娆等，2019)，这些政策通过优化企业资源与能力配置，间接影响风险承担(吴倩等，2019)。特别是高新技术公司，因政策扶持而显著提升风险承担(邱洋冬、陶锋，2020)。

此外，良好的政治生态与行业制度环境也是推动企业风险承担的重要因素(Boubakri et al.，2013；田存志、余欢欢，2016)。国有企业混合所有制改革亦对公司运营及风险承担产生显著影响(汤颖梅、佘亚云，2020)。资本市场的不断完善降低了资本成本，增强了经理人对业绩的敏感度，进而促进了股票流动性对公司风险承担的正向作用(Su and Liu，2018)。然而，金融危机等宏观环境冲击可能通过金融机构信贷歧视对公司风险承担产生消极影响(王倩，2018)。

税收政策同样左右着企业对风险的态度，新税收政策的实施倾向于降低公司的风险承担(Ljungqvist et al.，2017)。具体而言，所得税税率的下调减少了国有企业的风险承担，而非国有企业的风险承担则随税率上升而增加(王永海、刘慧玲，2013)。

在外部经济环境方面，从创新环境不确定性视角出发，当企业面临不确定性较高的创新环境时，其风险承担水平显著下降，影响因素包括企业投资资源配置与企业家信心(孙磊华等，2022)。基于 2013 年取消贷款利率下限的准自然实验，当贷款利率管制被取消后，民营企业的风险承担水平显著提高，相较而言，仅放松贷款利率上限对企业风险承担无显著影响(熊梦圆等，2022)。在经济整体繁荣的背景下，地区内的公司投资活动得到显著提振。当投资者对宏观经济增长持更加乐观的预期时，公司的投资总量会相应增加。然而，值得注意的是，这些繁荣时期之后，往往伴随着股票回报率的下滑以及公司风险承担水平的提升(Arif and Lee，2014)。类似地，Habib 和 Hasan(2015)的研究也指出，投资者情绪的高涨会促使公司作出具有更高财务风险的决策。

相反，在经济衰退期间，由于现金流压力增大和市场情绪的低迷，公司面临的外部融资成本会增加，这导致它们在投融资决策上更加趋于保守，风险承担水平相应降低(Mclean and Zhao，2014)。

随着全球金融体系的不断发展和完善，资本在全球范围内流动的速度加快，这不仅改善了跨国金融环境，还推动了利率水平的下降。这一趋势为跨国公司提供了更加有利的条件，进而推动了它们在风险项目上的投资活动(Bruno and Shin，2014)。

2.3.3　管理者特征方面

从异质性分析的角度来看，高层管理团队存在异质性。高阶梯队理论认为高管异质性特征导致了高管个体风险倾向不同，从而影响了高管决策(Hambrick and Mason，1984)。孙玥璠等(2019)发现高管团队异质性与公司风险承担显著负相关。Lui 等(2019)的研究结果表明，高管团队异质性越高，企业在强制采用 RFID(射频识别技术)后，其风险的降低作用越显著。高层管理团队异质性主要包括董事会团队成员间种族、年龄、团队任职期、职能教育背景以及重要的认知思想观念、价值观的差异度(张平等，2005)。董事会团队成员是企业重要的人力资源，其异质性间接反映了团队成员在环境感知和认识、信息收集和处理、决策制定和执行过程中的能力差异(黄越等，2011)。异质经验表现为董事团队职能背景的异质性程度，这种异质性作用于企业的战略决策和行为态度。

在 CEO 性别方面，女性 CEO 经营的公司比男性 CEO 经营的公司有更低的财务杠杆、更少的波动收益和更高的生存发展机会(Mara Faccio et al.，2016)。Huang 和 Kisgen(2013)研究表明，在拥有女性 CEO 的公司，倾向于进行较少的收购活动。学术界对高管年龄如何影响公司风险承担尚未达成一致。有研究认为，管理层年龄对公司风险承担的影响与管理层的收入波动相关。与年轻 CEO 相比，年长 CEO 的风险规避倾向更强，因此倾向于减少研发投入和多元化并购等高风险项目(谢伟峰，2016)，倾向于更为保守的公司战略(Bantel and Jackson，2010)和投资行为(Prendergast and Stole，1996)。在 CEO 受教育程度方面。Wang 等(2012)的研究发现，受教育程度较高的决策者经营的公司杠杆率较低，收入波动性较小。苏坤(2016)认为，CEO 受教育程度越高，权力就越大，其风险倾向对公司决策的影响就越大，CEO 风险规避倾向被放大，导致公司风险承担水平较低。在 CEO 金融背景方面，实体企业金融化会加剧企业的经营风险，但 CEO 金融背景会弱化企业金融化对企业风险承担水平的影响(杜勇等，2019)。高管团队异质经验、共享经验和复合经验均会抑制企业风险承担，内部控制在其间发挥中介作用(田雨霁，2022)。CEO 职业经历越丰富，企业的风险承担水平越高。丰富的职业经历作为自我约束机制，在一定程度上可以替代外部治理，并在跨地域和跨行业的背景下发挥更大作用(何瑛等，2019)。高管能力与企业风险承担呈现"倒 U 形"关系(邢文杰等，2022)。国家审计对国有企业风险承担具有双重治理功效，表现为国家审计语调与国有企业风险承担水平之间呈现"倒 U 形"关系。董事长的任期、持股和业务背景能显著增强国家审计对国有企业风险承担的治理效应(王海林等，2021)。

还有文献研究了高管政治关联、管理层权力、CEO 个人风险偏好和 CEO 社会资本对公司风险承担的影响。Faccio(2006)提出，当公司管理层涉足政界，公司股价往往会显著上涨，其背后逻辑在于此类跨界行为可能促进了寻租活动的减少，进而提升了市场信心。相比之下，Boubakri 等人(2013)的研究则揭示了政治关联公司展现出更高的财务表现，包括业绩增长、杠杆比例上升以及收益波动性的增强。在中国情境下，余明桂等人(2013)基于上市公司数据发现，高管政治关联与公司风险承担之间存在正向关联。然而，并非所有研究都支持这一正面效应。戴娟萍和郑贤龙(2015)的研究就指出，在民营企业中，政治关联反而可能抑制了公司的风险承担能力。马红(2018)进一步发现，CEO 的政治关联可能削弱其权力与公司风险承担之间的正向关系，表现为一种负向调节效应。

关于管理层权力对公司风险承担的影响，学术界同样存在分歧。李海霞和王振山(2015)的研究表明，管理层权力的增强与公司风险承担水平的提升正相关。但何威风等人(2016)从管理者特质角度出发，提出管理层能力的提升却可能降低公司的风险承担水平。Cain 和 Mckeon(2016)的研究提供了一个独特的视角，他们发现 CEO 若持有飞行员驾照，其公司股票收益率波动性更高，暗示这种特殊技能或经历可能与更高的风险偏好相关，且公司风险的增加可能与杠杆操作和并购活动有关。赵丽娟和张敦力(2019)则强调了 CEO 社会资本在缓解资源约束、促进合理风险承担方面的积极作用，从而提升了公司的风险承担能力。

也有不少学者从高管过度自信的角度出发进行分析。管理者的非理性行为尤其是过度自信的特征会作用于企业的投融资决策，由于管理者激进的投资策略，企业更倾向于债务融资而不是权益融资，导致企业财务杠杆增加，财务弹性水平降低(马春爱等，2017)。过度自信的 CEO 更可能通过增加养老金资产在股票上的投资额和养老金基金的波动性来承担更大的养老金计划管理风险(胡国柳等，2017)。CEO 的自信程度显著影响其对金融衍生品交易策略的选择。具体而言，过度自信的 CEO 能够坚守套期保值的初衷，有效遏制投机策略的潜在负面影响，进而增强企业的风险承受能力。相比之下，适度自信的 CEO 可能因超额对冲行为而倾向于投机交易，这在某种程度上削弱了企业的风险承担能力。而对于自信不足的 CEO，他们往往因防御性动机而避免采用复杂的风险控制措施，导致企业抵御风险的能力相对较弱(张梓靖等，2020)。

此外，政策性负担在资源支持方面扮演重要角色，能够提升企业风险承担的水平。值得注意的是，管理者的过度自信可以进一步强化政策性负担对企业风险承担的正向效应，特别是在非国有企业和市场化程度较高的地区，这种提升作用更为显著(李香花等，2021)。

2.4 文 献 述 评

梳理相关文献发现，有关双重股权结构的研究多从双重股权结构的选择及其经济后果出发。选择双重股权结构，主要因为其股权结构特点使得内部股东凭借较低的现金流权获得较高的投票表决权，从而稳定其控制权，规避敌意收购，避免"短视行为"。双重股权结构可以实现"股东的异质化"，实现融资约束和控制权削弱之间的平衡，同时又满足了不同股东的具体需求。这是选择双重股权结构的主要原因。

在双重股权的经济后果方面，研究焦点多聚集在企业创新、企业价值、企业会计信息质量。双重股权结构对企业创新的影响主要表现在专用性人力资本的投入，董事会作为一种内部治理机制发挥了一定的协同功效。双重股权结构可以通过降低代理成本、减少公司短视行为来提高公司价值。创始团队从企业成立之初就为企业投入了资源和经验，更看重企业的长远发展，从简单的财富诉求转向更高层次的心理归属感和获得感，致力于企业价值的提升。双重股权结构会降低企业信息透明度，主要体现在盈余管理和企业信息披露。

　　企业风险承担是当前研究的热点，侧重于研究外部制度环境、企业内部治理因素、高管背景和特征。外部制度环境包括各种准自然实验、政策制度以及企业经营环境，内部治理主要有股权制度、董事会治理、企业数字化转型等，高管背景特征主要体现在高管团队的异质性。然而，关于双重股权结构对企业风险承担的影响研究较少。本书在研究双重股权结构与企业风险承担相关关系的基础上，根据不同的企业生命周期、留存收益、融资约束及信息透明度进行了异质性分析，并检验了双重股权结构与企业风险承担的影响路径。本书从企业风险承担出发，拓展了双重股权结构经济后果的研究视角，进一步丰富了双重股权结构经济后果的相关文献。

第三章
理 论 基 础

3.1　委托代理理论

20 世纪 30 年代，美国经济学者伯利(Berle)和米恩斯(Means)在《现代公司与私有财产》中揭示，美国前 200 名的大公司中几乎一半的公司由职业经理控制着，并且这一数字还在不断增长。现代公司已经发展为所有权和经营权分离的模式，所有者不再控制公司，职业经理成为公司的控制者，他们认为这种"经理人革命"现象是生产力的发展和规模化的生产演进导致的。一方面，生产力发展进一步细化分工，大股东由于知识、能力和精力的局限性，不能最有效地发挥才能。另一方面，随着专业化分工的深化，一批具有专业知识的职业经理人应运而生，他们可以更好地行使所有者赋予的经营权。大股东作为委托人，聘请这些职业经理人来管理公司事务。然而，由于委托人和代理人效用函数的不同，二者往往有着不同的目标。委托人追求公司财富最大化，注重企业的可持续发展；代理人追求"自身利益最大化"，主要包括更高的工资津贴收入、更多的奢侈消费和更充裕的闲暇时间，两者相互碰撞产生利益冲突。为了缓解这种冲突，委托人需要为代理人制定一些规范性约束，并且实施相应的激励措施，另外也需要形成一定的监督，随之会产生代理成本。因此，他们提出了最早期的以所有权和经营权分离为特征的委托代理理论。

考虑到信息不对称下的博弈情形，Jensen 和 Meckling(1976)发展深化了委托代理理论。将委托代理理论的核心思想发展为在企业内部信息不对称情况下，委托人(股东)如何设计激励机制去推动代理人(经理)努力工作，降低代理成本。委托代理问题主要有三大类，第一类聚焦于股东与管理层之间的利益不一致，第二类聚焦于大股东与小股东之间的利益冲突，第三类则主要关注企业股东与债权人之间的委托代理问题。

　　股东与管理层间的代理问题可以通过一套奖惩机制来解决，其中激励的方法有：

　　(1) 绩效股东机制：企业采纳一系列明确的业绩衡量标准，以评估管理层的工作成效，并据此向管理者分配不等量的股权作为激励。这一过程中，确保评价的公开性、公正性与合理性，对代理人绩效的精确衡量与评估，成为委托人设定代理人报酬的核心依据，也是构建有效激励与约束机制的关键环节。绩效股东机制的有效性高度依赖于业绩评价指标体系的科学性。若委托人无法准确且恰当地评估代理人的工作表现与绩效成果，可能会削弱代理人的工作动力，甚至诱发欺诈行为，最终损害委托人的利益与整体目标的实现，造成效用减损。

　　(2) 管理层股权激励方案：赋予管理层在未来某一指定时段内，以事先约定的价格购入公司股票的权利。此举旨在激励管理层在授权期间内积极行动，以推动公司股价超越预设行权价，从而获取潜在收益。相应地，股价的上涨趋势不仅增强了管理层的收益预期，也深度契合了股东追求资产增值的根本利益。另外，利用代理市场的充分竞争机制来强化激励与约束效应，通过市场力量，委托人能够灵活地招募或更替管理者，以此作为对经济行为的有效调控手段。在活跃的劳动力市场中，存在大量潜在的候选人，为委托人提供了广泛的选择空间。同时，对于在职的代理人而言，他们时刻处于双重竞争的压力之下：一是来自企业外部其他优秀经理人的挑战，二是企业内部下级员工晋升的潜在威胁。这种双重竞争环境确保了委托人在必要时能够迅速调整代理人团队，优化资源配置。此外，明确界定代理人的职权界限与责任范围，并对违规行为实施严厉惩戒，对优秀表现给予充分奖励，是构建健康、高效激励机制不可或缺的一环。

　　对于大股东与中小股东间的利益分歧，若未能妥善处理，将引发公司价值贬损、投资决策低效、企业规模扩张非理性及控制权更迭无序等一系列严峻后果，因此，亟须采取以下有效措施来化解：

　　(1) 强化中小股东的法律保障框架，构建全面且有力的法律保护体系，加大对大股东权力滥用的惩处力度，以此推动上市公司步入稳健与可持续的发展轨道。

　　(2) 深化对控股股东的市场监管，特别是聚焦于内幕交易的严密监控，完善信息披露机制，确保透明度，遏制大股东间为私利而进行的非法勾结，同时，建立健全大股东间的相互监督与制衡机制，以维护市场公平与秩序。

　　(3) 优化公司治理结构，当务之急在于调整我国上市公司普遍存在的股权高度集中现象，即"一股独大"问题，通过多元化股权结构，促进公司治理的现代化与高效化。

　　针对股东与债权人之间的代理冲突，为保障自身权益免受侵害，债权人除依托立法手段，如确立在破产情境下的优先接管权及剩余财产分配优先权外，还普遍采取一系列预防性措施以增强其财务安全。具体而言，首先，在缔结借款合同时，债权人会精心嵌入一系列限制性条款，这些条款明确限定了资金的特定用途，禁止或严格限制企业发行新债及新债发行的额度，以此作为风险防控的第一道防线。其次，一旦发现公司有损害债权人利益的潜在行为或意图，债权人会果断采取反制措施，包括但不限于中止后续融资合作、拒绝新增贷款申请，乃至提前要求偿还既有贷款，以此作为迅速响应并保护自身利益的有效手段。这些措施共同构成了债权人维护自身权益、减少代理冲突风险的全面策略体系。

三类委托代理问题的内容及表现如表 3-1 所示。

表 3-1　三类委托代理问题

类　别	内　　容	主　要　表　现
股东与管理层间的代理问题	在企业的治理架构中，股东作为资本的终极拥有者，授权管理层执行企业的运营与管理工作。然而，管理层通过不懈努力所累积的财富增长，并不单纯归属于其个人，而是由全体股东共同享有。鉴于此，管理层在致力于推动股东财富增值的同时，往往也期望能够获得与其贡献相匹配的额外激励或补偿。相反，股东则倾向于追求以最优化的管理资源投入，实现股东财富的最大化产出，这一差异直接导致了管理层个体目标与股东整体目标之间的潜在冲突	管理层可能为了追求高薪、豪华办公条件等，浪费企业的资源进而损害股东利益
		管理层可能利用信息优势进行内部交易、操纵财务报告等行为，损害股东利益
		管理层可能因害怕失败而避免高风险但高回报的投资项目，导致公司错失发展机遇，损害股东利益
大股东与小股东间的代理问题	控股大股东往往掌握着企业大部分的股权，从而拥有对重大经营决策的决定性影响力及企业的实际控制权。相对而言，众多中小股东由于持股比例有限，加之与控股股东之间存在显著的信息不对称现象，其权益易受到大股东通过多种手段施加的直接或间接的侵害。这一现状直接导致了企业中大股东与中小股东之间的利益冲突，尤其在我国表现突出，主要体现在三个方面：董事会与监事会选举过程中的分歧、股利分配政策上的争议，以及在企业并购活动中的利益碰撞	控股股东可能通过关联交易、资产转移等方式将公司资源转移到自己名下，损害中小股东利益
		控股股东可能利用其多数投票权在股东大会上通过损害中小股东利益的决议
		控股股东可能利用信息不对称，隐瞒公司重要信息，使中小股东无法作出正确的投资决策

续表

类　别	内　　容	主　要　表　现
股东与债权人间的代理问题	在企业从债权人处筹措资金后，股东在追求自身利益最大化的过程中，遭遇了与债权人关于投资项目风险偏好的分歧。具体而言，债权人倾向于选择风险较低即预期收益波动较小的项目，以保障其资金安全；而股东则更青睐于高风险、潜在高收益的不确定性项目，以谋求更大的利润空间。这种风险偏好上的差异，直接导致了双方在投资决策上的根本性冲突，成为企业投资不足现象背后的深层次原因。进一步而言，股东与债权人间风险偏好的不同，使得债权人所面临的投资风险与期望收益之间出现不匹配，从而可能削弱债权人的利益保障，加剧了双方之间的利益矛盾。因此，这种因风险偏好差异引发的冲突，是探讨企业资本结构优化与治理机制完善时不可忽视的关键因素	债权人更倾向于保守的投资策略，偏好风险较低、收益稳定的项目，以确保其债权的安全。而股东则更倾向于高风险、高收益的投资项目，因为股东的收益通常与企业的整体业绩挂钩，高风险项目成功后可能带来更大的利润
		债权人通常希望公司采取低股利政策，以保留更多的现金用于偿还债务和应对潜在的财务风险。而股东则倾向于要求公司发放较高的股利，以实现其投资收益
		股东通常拥有更多的企业内部信息，包括项目的具体风险、收益预期等，而债权人则更多依赖公开的财务报表等信息。这种信息不对称可能导致债权人无法准确评估企业的偿债能力和投资风险

双重股权结构对代理成本和高管行为造成的影响主要是由于利益趋同效应(incentive alignment effect)和堑壕效应(entrenchment effect)(Morck et al.，1988)。在同股同权的企业中，管理层被赋予一定数量的股票而形成的激励作用，使得控股股东利益与管理层利益紧密联系，一定程度降低了委托代理成本，并且控股股东有强烈的动力和能力加大对管理层的监督并鼓励管理层实施高风险投资，产生利益趋同效应，缓解第一类委托代理问题；堑壕效应表现为控股股东持股比例增加，控制权增强，从而追求自身利益最大化，侵占中小股东利益，进一步加剧委托代理冲突和第二类委托代理问题。

在双重股权结构的企业中，现金流权与投票权严重分离，将会进一步强化创始股东等内部股东的绝对控制权。这种结构会引发两种截然不同的效应。一方面，利益趋同效应表现为对内部股东的激励和约束，超级表决权和控制权能够激励企业家精神的发挥。另一方面，堑壕效应则表现为内部股东背信懈怠或滥权营私。具体而言，内部股东通过将现金流权转移给小股东，将控制权控制在自己手中，利用堑壕效应换取坚固的控制权，从而获得较高的薪酬回报，同时不过多承担责任甚至卸责，最终损害公司和外部股东的利益。

因此，双重股权结构对企业是利是弊，主要取决于这两种效应中哪一种占主导地位，进而影响企业的风险承担水平。

3.2 企业家理论

何为企业家，历来有不同的见解。奈特(Knight)将企业家与企业所处的不确定性环境和承担风险联系起来，他认为企业家是具有卓越的才能，能够在高度不确定环境中进行战略决策，并承担决策后果的人。约瑟夫·熊彼特(Joseph Schumpeter)是企业家理论的集大成者。他发现许多企业没有系统的书面战略，而是靠企业家个人的直觉、判断、智慧、经验和洞察力等素质，来预见企业未来的发展，并通过他的价值观、权力和意志来约束企业的发展。熊彼特在 1912 年出版的《经济发展理论》一书中指出，企业家是经济发展的带头人，也是生产要素组合的创新者。熊彼特将企业家视为创新的主体，其作用在于"创造性破坏"市场的均衡。他认为，动态失衡是健康经济的"常态"，而企业家正是创新过程的组织者和推动者。通过创造性地打破市场均衡，才会出现企业家获取超额利润的机会。

德鲁克承继并发扬了熊彼特的观点。他提出企业家精神中最主要的是创新，进而把企业家的领导能力与管理等同起来，认为企业管理的核心内容，是企业家在经济上的冒险行为，企业就是企业家工作的组织。不是所有身在领导岗位上的人都是企业家，不能创新的企业领导者只是一个企业工作者。有远见的企业领导人，能凭借超凡的个人能力来改变一个企业的现有处境，挽狂澜于既倒，变劣势为优势，化优势为胜势。因此，组织需要依靠那些伟人来摆脱困境，向前发展。比如，韦尔奇之于通用电气，乔布斯之于苹果，葛洛夫之于英特尔，盛田昭夫之于索尼，刘强东之于京东，雷军之于小米……对高科技企业来讲，技术人才很重要，但那些具有企业家精神的管理者更不可或缺。他们具有清晰的愿景、强烈的使命感和责任感，有着百折不挠、勇于创新的企业家精神。

企业家精神的内涵界定大致可以分为三个主流方向：个体特征、行为特征和环境特征。企业家的个体特征主要指的是企业家具备的人格魅力，企业家精神研究的是卓越的企业家应具备的人格魅力；行为特征指的是个体在执行某项具体事件时表现出的共性，延伸到企业家精神就是企业家在日常经营中的行为；环境特征是指随着科学技术的迅猛发展以及经济全球化程度加深，企业生存与发展的外部环境复杂程度越来越高，这对企业家的能力与素质提出了更高的要求，因此针对企业家精神的内涵研究也需要得到进一步拓展。

在内容上，Tatiana 等(2003)认为企业家精神包含创新精神、冒险精神以及控制倾向。企业家精神作为推动企业转型升级的中坚力量，对整体产业升级具有明显的促进作用。研究表明，企业家精神与企业转型两者密不可分，企业家精神是企业转型升级的重要前提，同时也是推动企业转型的根本动力。窦军生等(2008)认为，家族企业企业家精神包括创业精神、冒险精神、开拓精神、敬业精神和合作精神。王新平等(2022)指出，具有创新精神、冒险精神和责任担当精神的企业家能为产业高质量发展提供新的动能和路径，有效推动企业转型发展。

在对市场和外部环境的作用方面，Manowan 和 Lin(2013)认为企业家精神的出现削弱了市场不均衡。执行行动是企业家精神的外化表现，在不确定的外部市场环境下，企业家及时采取一定的行动，包括技术创新、新产品开发等来实现企业绩效的提升(马卫东等，2012)。杨以文和郑江淮(2013)在研究中指出，企业家精神有利于企业发现市场机会，并实时作出战略调整。企业家精神需要不断结合外部环境进行内容变更与结构优化，每一次社会改革与生产力转变都意味着社会上的企业家精神将发生重大变化。王敏(2012)研究了中小企业的创新与创业行为，得出企业家精神是开展创新与创业活动的原动力，同时也是中小创业企业得以生存乃至发展壮大的精神支柱。

建立科学的企业家激励约束机制也是企业家理论的重要组成部分。它涉及如何有效地激发企业家的积极性、创造力和责任感，以推动企业的持续发展和创新。企业家的激励问题主要集中在如何平衡企业家的个人目标与企业的整体目标，确保企业家能够全身心地投入企业的运营和发展中。对企业家的激励主要包括物质激励(显性激励)和精神激励(隐性激励)两方面。

显性激励是指公司所有者与经营者签订的明示契约，经营者因完成了所有者规定的业绩指标而获得的奖金、年薪、股权激励等。这种激励方式是正式的、公开的和可以预期的。隐性激励是指在公开的显性收入之外，采用非公开的隐蔽收入进行激励的一种方式。这种激励方式不是通过正式的合同或规定来明确，而是通过企业的内部环境、文化、声誉、社会政治经济制度等因素，对员工的心理产生影响，从而激发他们的工作积极性，促使他们更加努力。隐性激励的重要性在于它能够弥补显性激励和监督激励存在的缺陷，使员工处于更加主动的状态。在有效的隐性激励机制作用下，员工会采取积极主动的行为，充分发挥自己的内在潜力，争取自我实现和完善。隐性激励的具体形式包括但不限于公司控制权、声誉地位、经理人市场等。

把控制权作为企业家的激励约束因素，就是把企业家控制权的授予与否、授予后控制权的制约程度作为对企业家努力程度和贡献大小的相应回报，控制权机制的激励有效性和激励约束强度取决于企业家的贡献和他所获得的控制权之间的对称性(黄群慧，2000)。掌握控制权可以满足企业家三方面的需要：一定程度上满足了企业家施展才能、体现其"企业家精神"的需要，实现自我价值；满足企业家控制他人、感觉优越或处于负责地位的心理需求；使得企业家具有职位特权，享受"在职消费"，给企业家带来除正规报酬以外的物质利益满足。

20世纪80年代后期，博弈论的应用推动了经济学声誉理论的发展。Andrei 等(1997)将动态博弈理论引入委托代理关系的研究之中，论证了在多次重复代理情况下，声誉机制能够激励代理人。博弈论的基本观点是：在竞争性经理市场上，经理的市场价值取决于其过去的经营业绩。从长期来看，经理必须对自己的行为负完全责任。为了提高未来的收入，经理必须努力提升自己在市场上的声誉，即使没有显性激励合约，经理也会积极工作。博弈论充实了长期委托代理关系中激励理论的内容。基于此，霍姆斯特姆进一步发展了法玛的思想，建立了代理人市场——声誉模型。罗森则进一步指出，声誉的损失可作为一种威慑力量，以惩罚代理人可能存在的不当行为。

经理人市场机制即经营者的竞争选聘机制，为委托人和代理人提供了多次博弈的市场环境，可以克服由信息不对称产生的"逆向选择"问题。如果经理人只有一次机会并且在有限的时间内以代理人的身份出现，因其没有声誉损失方面的考虑，将会导致其机会主义行为。解决这种问题的有效方法之一是使用多次重复博弈，经理人一旦在某一次博弈中努力不够，未取得良好的业绩，将会降低其信誉，减少其未来收益。多次重复博弈使经理人的行为受到约束，经理人必须在每次博弈中都付出较高程度的努力，才能够在下一次博弈中获得相同或者更高的收益。经理人市场为委托人在更大范围内选择代理人提供了一个平台，在这个平台上，可以鉴别和筛选候选者的品德和才能，同时又可以保证委托人在选择错误时有重新选择的机会。一个机制健全、运行状态良好的经理人市场能强力约束经理人的机会主义行为，使经理人时刻维护自己的声誉，以使自己在市场上的价值不会贬损，并激励其提高努力程度。

3.3 控制权理论

1932 年，Berle 与 Means 首先引入了"控制权"这个词，它的核心思想在于：能否掌握控制权意味着能否对企业的资源配置、重大经济决策以及人员的任命产生影响。初始的控制权是一种名义上的控制权，其包含了拥有一定股权时，公司法定的权利和经理人通过公司的委托代理合同所获得的权利。随着对此问题的探讨的深入，人们发现，除了法定控制权和契约控制权外，还应当包含未被契约明确定义的权力，也就是"剩余控制权"。比如，随着控制权理论的发展，企业家的个人特色，包括家庭背景、经济实力、社会地位、政治影响力等，也被纳入了控制权理论体系中。"同股同权"强调股权与投票权的对应，在这种情况下，控制权主要指名义上的控制权。但是，我们也不能否定创业者的社会资本、人力资本、个人影响力对于公司的成长起着重要的作用。而控制权理论则主张管理层的职务应该由有才能的人来担任。在二元持股制模式下，公司的创始人在经营发展企业时投入了大量的资金成本、时间成本、技术成本和人力成本。尤其在互联网等知识密集型领域，创始团队的权威、能力和个人影响力等因素的影响显得更为重要。但因为公司成立初期，创始人团队所投资的资金是十分稀缺的，资金的不合理替代会给公司的运营带来很大的风险。在进行控制权分配时，若不正视创始人所持有和所投资的稀有资金，则不仅会增加创始人团队控制权旁落的风险，还会给公司的发展带来不确定性或不稳定性，对公司的治理产生消极的作用，甚至还会对企业的价值产生不利的影响。

人力资本和创始人具有不可分割性。与物质资本不同，人力资本的专有性和专用性与创始人的团队性都是明显的特征，这些特有属性使得人力资本享有更多的剩余控制权，从而激励创始人团队投入更多的人力资本，提升生产效率和物质资本的配置效率。如果人力资本不能拥有相应的剩余控制权，不仅会降低创始人团队投入人力资本的积极性，还可能造成物质资本的闲置和浪费，导致人力资本和物质资本的损失。

在不完全契约理论看来，基于交易费用为零、充分信息和完全理性等多重假设前提而签订的完全契约往往是不存在的，这是因为契约中总会包含某些不足或者被遗漏的条款。

因此，契约理论认为企业未来的总收益及其分配永远无法在合同中完全确定，总有一部分参与者获取契约无法规定的剩余收益，进而产生"剩余索取权"。"剩余索取权"指的是对企业收入扣除所有的支付后余额的要求权。由于获得剩余收入的参与者实际上承担了企业经营的风险，也就有动力经营和监督企业实现价值最大化。其次，不完全的契约同样也无法规定未来各种情况下各方的权利和责任，而那些未明确的剩余权利由哪个或哪些企业参与者决定就很重要，这正是"剩余控制权"的由来。产权所有者享有剩余控制权，意味着产权所有者对不完全的合约未涉及的情形发生拥有最终的处置权。完整产权安排所要求的剩余控制权和剩余索取权的匹配，意味着产权所有者一方面享有给定范围相应的决策权利，一方面承担由此造成的风险，实现承担风险与享有权利的对应。

从公司法的角度分析，在现代企业中，由于所有权与经营权的分离，特别控制权通过合约授予职业经理人即高层经理人员具有企业日常经营管理的权力。而剩余控制权则由股东享有，他们通过股东大会选出代表股东利益的董事会，董事会享有关于企业运营的重大战略决策权即任命和解雇总经理的人事权。然而，现实中，由于信息不对称、契约的不完全性等因素，企业的高层管理者拥有企业运行的详细信息，并享签订和修改企业的内外部合约与聘用及解雇企业雇员的权力，同时经理层也可以通过进入董事会获得部分剩余控制权，因此高层管理者也能够享有剩余控制权。为了避免高层管理者掌握的剩余控制权成为谋取私人利益、损害所有者利益甚至危及企业命运的内部控制权，必须给予高层经营管理者剩余索取权使之与剩余控制权相匹配。企业的剩余索取权是相对于特定的收益权而言的，是对企业的总收入扣除所有的固定支付后的剩余额的要求权。如果所有者同意与高层管理者共享剩余索取权，那么后者就获得了激励，他越是努力，其他成员就越难以偷懒，团队的生产率就越高(Alchian and Demsetz, 1972)。最终，企业的所有者与高层管理者共享剩余控制权和剩余索取权。

在双重股权结构下，拥有高投票权股票的少数股东可能拥有更多的剩余控制权。这是因为他们能够通过掌握更多的投票权来影响公司的决策，包括关于利润分配、投资决策、公司治理等方面的决策，同时他们不享有与这些控制权相对应的剩余索取权，即承担更小的经营风险。这种安排可能使得公司的少数股东能够利用他们的剩余控制权来追求自身的利益，而不是完全基于公司整体利益或股东整体利益来作出决策。此外，双重股权结构可能导致股东之间的信息不对称。高投票权的股票持有者由于掌握了更多的控制权，可能拥有更多的公司内部信息，这种信息不对称可能使得他们在交易中占据优势地位，损害其他股东的利益。

3.4　智力资本理论

1991 年，美国学者托马斯·斯图尔特(Thomas A.Stewart)率先界定了智力资本的概念，将其阐述为"企业全体成员所共同掌握，并能为企业赢得市场竞争优势的知识与资源的综合体现"。随着该领域研究的不断深化，跨学科视角的融入成为趋势，不同学者尝试将智力资本概念与各自学科的理论框架和方法论相融合。然而，由于学科背景及研究侧重的差异，关于智力资本的确切定义尚未形成统一共识。当前，对于智力资本的阐释主要沿三条主线展开：一是从"无形资产"维度，强调其作为资源要素的属性；二是通过"知识与能力"的转化过程进行解析；三是聚焦于其"价值创造"的功能与效果。这三条路径共同构成了理解智力资本多维度特性的重要框架。

首先，从"无形资产"的要素资源属性层面来阐释智力资本。这一概念起初是与有形资产相对而提出的，专注于企业内部不易量化但至关重要的无形资产。Boehmer 等(1995)将其界定为"涵盖企业运营所需一切无形资产的广泛集合"。Sveiby(1997)进一步强调，智力资本是企业知识导向的无形资产总和，囊括技术、专利、企业文化、消费者数据库、企业声誉等多个维度(Donalek，2004)。另有学者提出，智力资本作为无形资产，具备推动创新投入、实现可持续价值创造的特性(Edvinsson and Malone，1997；Campos et al.，1998；Decety and Chaminade，2003；李平，2006；Eisenhardt and Graebner，2007；王维等，2018)。

其次，基于"知识与能力"的转化过程视角，智力资本被视作企业财富的源泉。Stewart 和 Kroll(1994)率先从这一角度出发，认为智力资本融合了知识、信息、经验、客户关系、品牌地位等要素，共同构成了创造企业价值的综合能力。此类定义多聚焦于战略管理层面，强调智力资本在维持竞争优势、创造经济价值中的关键作用(Roos et al.，1997；Stewar 等，1998；李冬琴，2004；Subramaniam and Youndt，2005；杨肖丽等，2015)。

最后，从"价值创造"的功能角度审视智力资本，其定义聚焦于企业价值创造的实质。Wright(1996)与 Bontis(2001)率先采用市场价值与账面价值的差额来衡量智力资本，后续学者沿此思路展开，但各有侧重。部分学者将智力资本视为创造额外利润、提升无形资产价值的资源(Olve 等，1999；Brennan et al.，2000；Mouritsen et al.，2001；Dittmann and Ulbricht，2007；John et al.，2008；Jadhav，2012)。另有学者认为，智力资本通过提升资本使用效率与劳动力市场效率，展现出强大的价值创造潜力(Holderness et al.，1999)。还有学者强调，智力资本的投资具有乘数效应，能够为企业带来数倍于原始投资的价值增长(Nüesch，2016)。

学者们从不同角度定义了智力资本，综合来看，智力资本是指企业所有成员掌握的、可以给公司带来核心竞争力的技能、经验、知识和资源的集合。主流的智力资本三元论将其分成人力资本、结构资本和关系资本三个部分。人力资本包括员工所拥有的知识、经验、教育水平、年龄、技能等；结构资本也就是组织资本，包括组织架构、制度安排、企业战略和文化、知识产权及研发等；关系资本通常是从和员工、消费者、供应商、合作伙伴等企业相关主体建立的稳定信任的外部关系网络中取得，是合理配置权力资源的关键结构模式。由于本书研究的是创始人及其团队与企业风险承担的关系，因此，将把视野从传统的泛智力资本聚焦到包括创始人在内的管理团队上，探讨其智力资本的发挥利用对企业风险承担产生的影响。

关于企业的风险承担水平，具备高人力资本的企业往往拥有更强的风险意识。在高人力资本的企业里，员工和管理层能够充分认识到风险的存在，并采取相应的措施进行预防和控制，降低风险发生的可能性和损失程度，因此这种企业承担风险的水平也较高。另一方面，结构资本包含组织架构、管理安排、企业文化等方面，良好的组织结构和科学的管理制度能够为企业提供稳定、高效的运营环境，降低内部风险的发生概率，同时，这些制度还能够为企业的风险承担提供有力支持，确保企业在面对外部风险时能够迅速作出反应并有效应对。最后，雄厚的关系资本意味着良好的客户关系、供应商关系、优秀的品牌形象，这些优势能够为企业提供稳定的供应链和市场需求，降低因供应链中断或市场需求变化而带来的风险。这种稳定性有助于企业更好地规划生产和经营活动，提高抗风险能力。

3.5 风险偏好理论

风险的定义有广义和狭义两种。广义风险指收益的不确定性，相应结果有三种：收益、损失和无收益无亏损；狭义风险指损失的不确定性，强调损失的程度。不管对于收益还是损失的不确定性，承担风险都需要一定的成本或代价。对于理性的经济人来说，如果承担的风险不能获得与之相匹配的风险报酬，则没有人愿意承担风险，经济学上把这种风险与报酬之间的权衡称为风险偏好，风险偏好表现为主动追求风险，相比于收益的稳定性更偏向于收益的波动性。

企业风险承担是企业在经营管理过程中，为了获得超额利润而自愿承担风险，这是一种风险偏好，并且受到管理层的个人特质和环境的影响，在经营管理的过程中，管理层通过对企业整体风险承担水平的衡量，来确定自己的风险承担能力，制定具有前瞻性的经营策略和投资决策，进一步影响企业的风险承担水平。双重股权结构企业的创始人在企业日常经营过程中具有较高的控制权稳定性，任期较长，从而促使他们关注企业的长期盈利能力，同时对公司有强烈的心理所有权，愿意为企业获得更大收益而去提高风险承担能力和水平。

创造性破坏是企业家的历史使命。经济创新的本质在于企业不断打破旧的经济结构，创造新的结构。这个创造性破坏的过程就是企业创新的核心。价格竞争不是经济发展的原动力，而是新商品、新技术、新供应来源、新组合形式的竞争推动生产力向前发展。创新才是企业发展的根本动力。在双重股权结构的公司中，高级管理层或创始人通过持有具有更多投票权的股票，实际上掌握了公司的控制权。这种控制权可以视为一种隐性的激励，因为它赋予了管理层更大的决策权和影响力，从而让他们更充分地发挥企业家精神，在面对市场变化和竞争压力时果断、迅速地作出决策，从而推动公司的创新和发展。

3.6　信息不对称理论

信息不对称理论产生于 20 世纪 70 年代，由美国经济学家 Stiglitz、Spence 和 Akerlof 提出。该理论指出，在市场经济交易中，各类人员对有关信息的掌握是有差异的，信息质量和数量直接影响市场各主体的经济决策，掌握充分且可信市场信息的一方在交易中处于有利地位，拥有更多的议价权，而信息不足的一方则处于劣势地位。在委托代理关系中，委托人其实是不直接参与经营活动的，他将部分权力下放给了代理人。代理人直接参与公司经营活动，他们可以获取更多关于公司经营状况方面的信息，也可以更为直观地了解这个公司的情况，而委托人则相对处于信息劣势。在这种信息不对称的情况下，代理人也就是所谓的管理者为了自身利益就有可能向投资者披露错误的信息，或者是有意识地选择相关财务信息进行披露，从而误导投资者的决策。

相比之下，双重股权结构下的股权集中度更高，也就是说管理层的持股权更高，这使得管理层与低表决权股东之间的地位越发不平等，信息的不对称程度就会越严重，此时，处于信息优势的一方就可以利用自己掌握的信息来实现自己的目标利益，而不顾低表决权股东的利益。

3.7　声　誉　理　论

自亚当·斯密时代以来，经济学界始终视声誉机制为契约诚信履行的关键保障。随着博弈论研究的深入，学者们成功地将声誉概念融入经济模型中，运用数学工具深刻剖析了声誉机制运作的内在逻辑。在管理学领域，声誉激励被公认为一种强有力的激励措施，同时，致力于构建并维护企业家的卓越声誉，已成为一股引领管理实践的新思潮。

管理学视角下，企业家对良好声誉的追求，不仅是成就驱动发展的体现，更是马斯洛理论中关于尊重与自我实现需求的具体展现。现代企业的职业领航者们辛勤耕耘的动因，并不仅限于经济回报的累积，更在于赢得社会的广泛赞誉与尊重，渴望在商海中留下深刻印记，实现个人价值的最大化。他们期望通过企业的繁荣，证明自己的智慧与能力，达到自我实现的至高境界。因此，管理学强调，在物质奖励之外，精神层面的激励与荣誉表彰同样不可或缺。在西方企业界，这种精神激励常体现为赋予企业家崇高的社会地位，以及通过其个人形象与价值观塑造独特的企业精神与文化，使之成为企业不可磨灭的灵魂印记(Milgrom et al.，1992)。

与管理学视角迥异，经济学领域依旧立足于理性人追求利益最大化的前提，认为企业家对良好声誉的追求，本质上是一种获取长远利益的策略，是长期且动态重复博弈的自然结果。鉴于契约的固有局限性，无法详尽覆盖所有可能情境，契约各方合作的基础便建立在相互信任之上，而这种信任，正是源自无数次成功交易的累积，最终凝聚为宝贵的声誉。对于职业企业家而言，声誉机制如同一把双刃剑：缺乏职业声誉可能意味着职业生涯的终结，而累积的良好声誉则能显著提升其在企业家市场中的议价能力。前者作为约束机制，有效遏制了企业家的机会主义行为；后者则作为激励机制，激发了企业家的正面行为动力。

在经济学视角下，声誉理论的理论架构根植于一种理性化的利益最大化追求或机会导向的"非纯粹利他者"假设，强调声誉机制作为激励与约束行为的核心机制，其根本在于声誉能够促成更为可观的长期利益回报。事实上，现实生活中，人的需求是多元且复杂的，获得外界的认可、尊重以及构建正面的声誉形象，构成了人类基本需求谱系中的关键一环。换言之，对于众多个体而言(可视为秉持"积极行为者"理念的假设)，维护良好的声誉往往成为其行为的直接动因和目标。鉴于此，管理学领域依据马斯洛需求层次理论的深刻洞察，提出构建以精神激励、声誉嘉奖或荣誉表彰为核心的非物质激励机制，旨在通过满足人的深层次心理需求来引导和规范行为。这进一步表明，尽管经济学与管理学均认同声誉在激励与约束个体行为上的重要性，并倡导建立相应的声誉机制，但两者的理论根基存在显著差异。经济学通过严谨的模型分析揭示，即便是秉持"自利"倾向的个体，在追求长远利益最大化的驱动下，也会倾向于塑造正面的声誉形象；而管理学则侧重于人的内在动机分析，认为追求卓越的声誉是人性中固有的积极追求之一。

在经济学的"非纯粹利他者"假设与管理学的"积极行为者"设想中，均可寻觅到现实世界的对应实例，因为人类对于声誉的珍视程度千差万别，有的人将其视为无上瑰宝，而另一些人却为蝇头小利轻易将其抛弃。此种显著分化的根源错综复杂，但其中无疑涉及个体的道德价值体系与意识形态差异这一核心要素。值得注意的是，尽管经济学的早期萌芽深植于伦理土壤，当前主流经济学却日益疏离了对意识形态及道德伦理行为驱动力的探讨。与这一趋势形成鲜明对比的是，新制度经济学独树一帜，它深刻认识到意识形态对个人行为模式的塑造作用。在这一框架下，意识形态被界定为一系列关乎世界运行法则的信念集合，尤其是围绕劳动分工、收入公平性及现行社会制度结构的道德评判。积极的意识形态，诸如诚信、守约等观念，实质上构成了一种特殊的人力资本，这类资本使得个体更倾向于遵循规范，减少搭便车行为，增强对制度道德性的认同，从而降低了机会主义倾向。新制度经济学理论认为，意识形态在多个维度上展现了其重要价值：它有助于降低信息成本，有效遏制搭便车现象，减少了法律执行与制度维护的费用。特别是，个人对声誉的重视被视为一种优质的意识形态资本，在社会经济领域中扮演着关键角色。这种资本能够削弱"道德风险"，作为一种内生的激励机制与行为约束力量，引导个体行为趋向于更加道德与负责的方向。

对于职业企业家群体而言，声誉这一人力资本要素显得尤为关键且不可或缺。在经济市场的广阔舞台上，企业家的声誉不仅是其长期致力于企业成功运营的璀璨成果，更是其创新能力、开拓精神及卓越经营管理能力的有力佐证。作为经济市场中不可或缺的信息透明化工具，声誉机制有效扮演了信息桥梁的角色，显著缓解了信息不对称所引发的"逆向选择"困境。信任，作为声誉的基石，是人际交往不可或缺的先决条件。职业企业家唯有精心构建并维护良好的声誉，方能赢得企业所有者对其经营智慧与决策能力的坚定信赖，以及企业员工对其领导魅力的由衷认可，从而稳固其作为职业企业家的核心地位。鉴于职业企业家的工作性质充满了高风险与未来不确定性，其行动与决策往往需要来自股东、债权人、员工、政府及顾客等多元利益相关者的深切信任、深刻理解与全力支持。而这份信任与支持的程度，往往与企业家声誉的社会认可度紧密关联。一个享有盛誉的企业家，能够促使所有利益相关者形成一种稳固的心理预期，即便在企业面临挑战与逆境之时，他们仍能保持坚定的信心，积极支持企业家的各项决策与行动。具体而言，良好的企业家声誉如同一张通行证，不仅使企业能够更顺畅地获取信贷资源，甚至能够在同等条件下享受更为优惠的融资条件，进而降低融资成本，提升企业的盈利能力。此外，当企业偶遭困境时，这份声誉也将成为宝贵的无形资产，吸引各方力量伸出援手，助力企业渡过难关，重焕生机。

综上所述，企业本质上可视为一种融合了人力资本与非人力资本的独特契约安排。在此框架内，职业企业家凭借其独特而关键的人力资本要素，成为这一契约体系中的核心参与者。而声誉则构成了企业家人力资本中最为核心且不可或缺的组成部分，它不仅是企业家个人价值的集中体现，也是其专业能力与职业操守的重要标志。职业企业家的核心职责聚焦于管理决策领域，这一领域天然蕴含着复杂性、高风险性及高度不确定性，既对职业企业家的综合素质提出了独特挑战，也为企业家业绩评估与行为监督设置了重重障碍。理论上而言，职业企业家凭借其专有的人力资本优势，其劳动特性倾向于激励而非强制性剥削，因此，相较于一般企业员工，构建针对企业家的激励约束机制时，需更加侧重声誉等非物质性激励手段。精神激励与物质激励的本质差异在于，前者能够深刻激发个体的内在动力，即管理学所探讨的"内在驱动力(内驱力)"。与外在驱动力(如单纯为报酬而工作的"外驱力")不同，"内驱力"源自内心的热情与责任感，促使个体以更高的自主性、创造性和成就感投身于工作之中，追求个人潜能的最大化发挥及职业生涯的自我实现。此外，企业家的管理决策具有深远的影响，短期内的成效未必能全面反映其对企业长期发展的贡献。因此，仅依赖年度考核或年薪制等短期业绩导向的激励约束机制难免存在偏颇与局限。相比之下，企业家声誉机制则聚焦于企业家长期行为累积形成的良好声望，不囿于短期得失，为企业家提供了更为广阔的创新空间，有助于企业实现可持续发展与长远目标。

对于采用双重股权结构的企业而言，声誉效应有着惩罚机制与激励机制。当拥有高表决权的股东侵害中小股东利益时，受到表决权压制的投资者只能向二级市场抛售股票以规避侵害行为，当投资者大量抛售股票时，公司股票价格就会下跌。通常情况下股票价格上涨或下跌能够呈现公司近一段时间的经营状况以及控制人的才能。因此，当公司股价下跌时，控制股东的损害行为会在声誉传递机制的作用下向潜在投资者传递负面信号，投资者就会对该公司作出消极的评价，同时他们自然也会将目光转向个人声誉或企业声誉更好的公司。在双重股权结构下，公司创始人如果失去声誉，同时也将失去实现公司价值的机会。声誉的激励作用体现在：如果创始人作出公司决策时，不仅追求个人利益最大化，同时也重视其他低投票权股东的利益，这部分股东自然也不会在股东会上想方设法地与控制股东"对着干"，控制股东就能够专注于公司经营管理，提升市场核心竞争力，从而获得投资者的新一轮融资。另外，创始股东在获得他人肯定后，会在主观上获得成就感，进而激励他们更加兢兢业业地为公司以及股东的利益努力。

第四章
双重股权结构在世界各地区的发展与实践

    进入 21 世纪，以互联网技术为标志的第四次工业革命的兴起，对创新型企业组织设计变革和企业权力重构提出了新的要求。双重股权结构凭借其控制权与现金流权分离的特殊股权安排，保证了在企业的控制权不被稀释的情况下引入更多的外源性资金，成了互联网浪潮下众多新经济企业股权结构设计的优选。许多美国的高新技术企业如谷歌、Facebook 改变了传统主流的同股同权构架，选择发行 AB 双重股权结构股票上市，使得投票权配置权重向创业团队倾斜。由于美国接纳双重股权结构股票上市，大量来自中国的优秀高科技企业(即中概股)都选择美国作为上市目的地。自 21 世纪以来，双重股权结构因其有效保护创始人团队的控制权、发挥企业家精神、共享人力资本资源的特点备受高科技公司的青睐。我国的阿里巴巴、百度、京东、小米、美团等互联网企业，也因最初国内资本市场坚持"同股同权"而奔赴美国跨境上市。

    双重股权结构在我国资本市场的历程可以概括为：被抵触→逐渐被接纳。双重股权结构曾在我国一系列的强制法律规定(《公司法》《证券法》等)中"四处碰壁"，无法触及上市的门槛，然而，近年来相关制度的较大变动为双重股权结构公司上市带来了希望。2018年 11 月 5 日，习近平总书记宣布在上交所设立科创板并试点注册制，正式为具有不同投票表决权的双重股权结构登陆国内资本市场抛来了橄榄枝。2019 年 3 月 1 日，上交所发布《上海证券交易所科创板股票发行上市审核规则》，其中第八十三条涉及了特别表决权差异安排，《科创板首次公开发行股票注册管理办法(试行)》第四十一条则对表决权差异安排提出了具体要求，允许设置特别表决权股份的境内科技创新企业进行 IPO 申报，但是发行人应在招股说明书等公开发行的文件中披露以下内容：差异化表决安排的主要内容、相关风险和对公司治理的影响，以及依法落实保护投资者合法权益的各项措施。自此，我国证券市场为双重股权结构公司正式发放了上市通行证。2019 年 4 月，优刻得成为我国首家在科创板申请上市并设置特别表决权的企业。因资本市场制度、法律环境、监管规则等诸多差异，各个国家对双重股权结构的接纳程度不尽相同，实践操作也有所差异。本章主要介绍美国资本市场、中国香港资本市场、中国 A 股市场下双重股权结构的发展进程，并通过经典案例介绍进一步分析双重股权结构在各个资本市场中的实践应用。

4.1　双重股权结构在美国资本市场的发展进程

4.1.1　美国双重股权结构的发展

　　双重股权结构起源于美国，相对于其他国家，双重股权结构在美国的发展较为成熟，也正是美国双重股权结构的发展，从资本竞争角度推动了世界范围内各个国家或地区对双重股权结构的思考和接受。同时其相对完善的机制体制，也为多国相关制度的修改提供了参考。美国双重股权结构的发展较为坎坷，大概可以分为三个阶段，从最初的萌芽到禁止再到允许，历时近一个世纪。

1. 早期萌芽阶段

　　19 世纪八九十年代的美国，公司的控制权和所有权开始出现了分离的状况。1889年，International Silver 公司(国际白银公司)因发展需要大量的资金，而同股同权不能满足创始人对控制权的把握，需要另辟蹊径，找寻其他的方法去维持公司的控制权。公司发行了 1100 万股无投票权的股票，被视为双重股权制度的雏形。1925 年，道奇兄弟出于维持家族企业绝对控制权的目的，以 225 万美元购入公司具有普通投票权的股份，同时向社会公众发售不具有投票权的股份共计 1.3 亿美元，其结果是控股股东以仅占公司募集资金1.7%的出资额获取了公司的控制权。纽约证券交易所对这种模式予以认可。此后，双重股权结构迎来了短暂的萌芽阶段，在 1927 年至 1932 年间，共有 288 家企业发行了无投票权或差异投票权的股票，其中较为典型的为福特汽车公司，通过设计"次等投票股权"，在上市之后依旧能掌握公司的控制权，避免家族企业公众化。

但是双重股权结构的使用仍然遭到理论以及实务界的质疑，反对的声音也愈加强烈，理由就是股票控制权和现金流量权的分离，与公司法一股一权的基本原则和民主精神相违背，破坏了公司内部原有的监督机制，一般股东的权益容易受到伤害。1926 年，《纽约时报》在头版发表文章反对无投票权股票，得到了许多投资者的认同。纽交所随后开始逐步限制上市公司使用双重股权结构，并于 1940 年正式禁止拥有此种股权架构的公司上市，但不溯及已挂牌的公司。此后，双重股权制度的发展陷入停滞，这种现状一直持续到1984 年。

2. 缓慢发展阶段

20 世纪 80 年代的美国，并购的兴起和交易所之间的激烈竞争推动了双重股权制度的启用。一方面，市场经济的不景气引发了大规模的并购风潮，而为了抵御外部企业的野蛮并购，许多企业选择双重股权结构来进行自保。为了对企业并购进行有效的宏观调控，美国出台《标准商事公司法》《美国示范公司法》等法规，允许上市公司适用双重股权制度。另一方面，美国三大证券交易所对双重股权制度持有不同的态度。纽约证券交易所严格禁止采用双重股权制度，而设立于 1971 年的纳斯达克证券交易所对双重股权制度则完全没有禁止，美国证券交易所则介于两者之间，仅允许部分符合条件的公司采用双重股权上市。三大证券交易之间的竞争关系推动了纽交所对双重股权结构的开放。根据 1985 年6 月全美证券交易商协会的统计数据，已有 600 余家公司虽符合在纽交所上市的实质性条件，却出于设置双重股权结构的考虑选择在纳斯达克挂牌上市。面对来自纳斯达克的强大压力，为了招揽更有实力的上市公司，纽交所亦开始调整策略。特别是 1984 年通用汽车公司(GM)收购事件进一步促使纽交所作出妥协，当时 GM 拒绝遵守纽交所的一股一票制度，并宣称要改赴美国证券交易所或纳斯达克证券交易所上市。为了不错失优质企业，纽交所在 1985 年发布新的上市规则，开始接纳采用双重股权的公司上市。1994 年，三大证券交易所对采用双重股权制度的公司实行了统一规则，双重股权结构发展的制度障碍有所冲破，从禁止走向了缓慢发展，相对而言是一个不错的开端，为 21 世纪双重股权结构的迅速发展打下了坚实的基础。

3. 迅速发展阶段

自 2000 年以来，高科技互联网公司在新上市公司中成为主导，在美国拥有双重股权制度的公司明显增多。2004 年，以美国谷歌为代表的创新型科技公司开始利用双重股权制度上市，掀起了一阵双重股权上市的浪潮，Facebook、Zoetis、LinkedIn、Snap 等越来越多的高科技企业加入双重股权结构上市阵营，更是吸引了海外企业赴美上市，我国众多科技型企业如京东、百度、拼多多、阿里巴巴也是采用这一结构在美国上市。中概股赴美 IPO 持续升温，来源于美国多层次的资本市场能为不同融资需求的中国企业吸引更多互相匹配的国际投资者，有利于中国企业获得更多的融资。双重股权结构得到了越来越多的关注和创新应用。

美国双重股权结构的发展历程如图 4-1 所示。

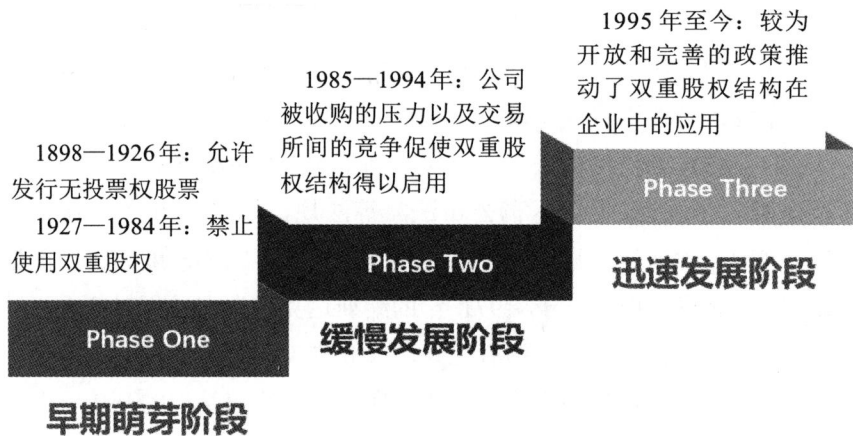

图 4-1　美国双重股权结构的发展历程

4.1.2　美国双重股权结构的实践

1. 美国双重股权结构公司概况

得益于较为开放、发达和包容性强的资本主义市场，双重股权制度诞生于美国并逐渐成熟。这种制度吸引了众多其他国家或地区的企业千里迢迢赴美上市，中国也是其中之一。自 20 世纪 90 年代开始，中概股开始在美国资本市场挂牌交易，1994 年，玉柴国际成为第一家在美国资本市场采用双重股权结构上市的中概股公司。2003—2023 年中概股在美国资本市场中双重股权结构使用情况如表 4-1 所示，由表可知双重股权结构在美国市场的使用较为广泛，2003—2023 年美国 3923 家 IPO 中，有 298 家中概股企业，其中采用双重股权结构的企业有 97 家,从行业分布来看,主要集中在软件与服务、消费者服务、综合金融、媒体与娱乐、零售业等行业。近些年来,我国人民的需求从物质文化需要向美好生活转变,推动了服务行业的比重进一步增大,休闲娱乐行业也开始崭露头角。

表 4-1 中概股中双重股权结构的数量和占比

年 份	中概股数量	双重股权结构数量	双重股权结构数量占比
2003 年	1	0	0%
2004 年	3	0	0%
2005 年	2	1	50%
2006 年	6	0	0%
2007 年	4	0	0%
2008 年	6	0	0%
2009 年	10	0	0%
2010 年	12	1	8.3%
2011 年	2	0	0%
2012 年	3	1	33.3%
2013 年	5	0	0%
2014 年	9	5	55.6%
2015 年	6	1	16.7%
2016 年	10	3	30%
2017 年	22	7	31.8%
2018 年	32	24	75%
2019 年	31	14	45.2%
2020 年	34	17	50%
2021 年	44	9	20.5%
2022 年	19	4	21.1%
2023 年	37	10	27%

数据来源:Wind 数据库

2. 在美国上市的双重股权结构公司案例介绍——京东集团

京东(JD)集团于 2014 年在美国纳斯达克证券交易所挂牌上市，是中国第一个成功赴美上市的大型综合电商平台。下面通过对京东集团的基本情况、股权结构、实施双重股权结构的动因及影响四个方面的剖析，了解中概股企业采用双重股权结构的应用实践情况。

1) 京东的基本情况

京东全称为北京京东世纪贸易有限公司，是中国自营式电商企业，京东最初的雏形是刘强东 1998 年创办的京东多媒体柜台，通过 20 多年的发展，京东从一个刻录机销售商成长为一家业务涵盖金融、医疗、物流、智能科技等多个板块的多元化大型互联网公司，在国内电商行业中占据重要地位。京东的公司使命为"技术为本，让生活更美好"，京东商城是中国 B2C 市场最大的 3C 网络购物专业平台，是中国电子商城领域最受消费者欢迎和最具影响力的电子商务网站之一。京东旗下设有京东商城、京东金融、京东智能、O2O 及海外事业部等，京东已经将业务拓展至云计算、健康等领域及海外市场，零售、数字科技、物流共同组成了京东的"三驾马车"。2014 年，京东集团成功赴美上市，市值位列中概股第三位，仅次于阿里和百度，2020 年 6 月 18 日，京东回到香港进行二次上市，2021 年 5 月 28 日，京东物流在香港证券交易所成功上市，打破了外界对京东集团创始人自建物流体系的质疑。京东的重要事件及发展历程如图 4-2 所示。

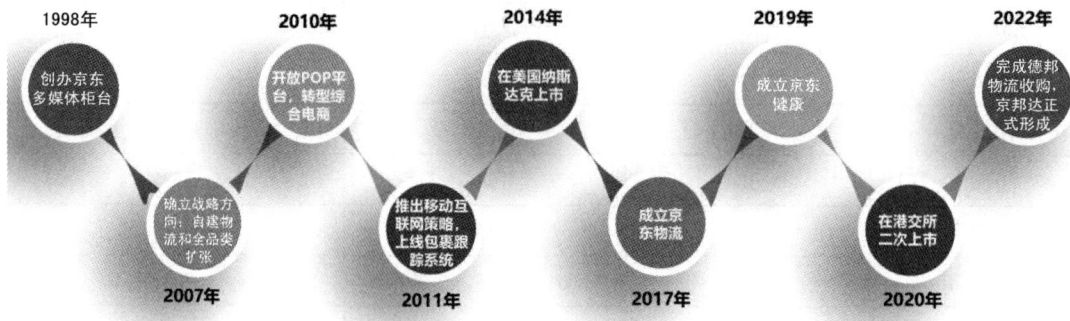

图 4-2 京东发展历程

2) 京东的股权结构

京东在 IPO 招股说明书中规定公司上市可发行 A、B 两类股票，A 股是一股一权的普通股，而 B 股是具有超级投票权的特殊股，赋予每股 B 类股的投票权是每股 A 类股的 20倍。两类股票除投票权存在差异外，转换权也存在一定差异。具体而言，A 类股票不能转换为 B 类普通股，B 类股在两种情形下可以按照 1∶1 的比例转换为 A 类股：一是意愿转换，在 B 类股持有者有意将其转换为 A 类股时直接转换即可；二是行为转换，当 B 类股持有者出现事实转让行为时，B 类股完成向 A 类股的转换。这就意味着除非刘强东本人主动放弃对 B 类股的持有，在其他任何情况下，刘强东的控制地位都不可能被撼动，并且，京东所有的 B 类股均由刘强东直接或间接持有，可以说刘强东对京东有着完全的控制权。

图 4-3 为京东上市前后主要股东持股比例。

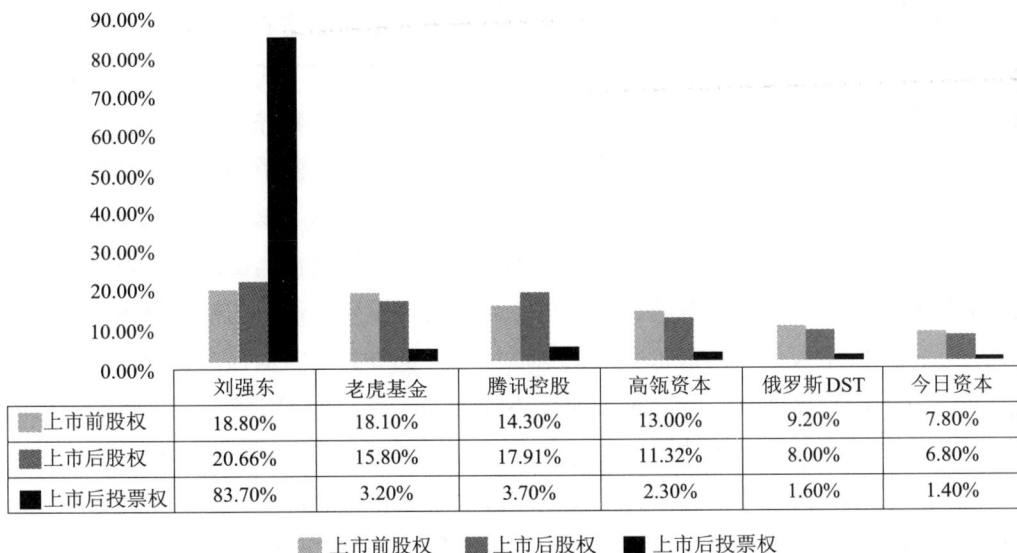

	刘强东	老虎基金	腾讯控股	高瓴资本	俄罗斯DST	今日资本
▥ 上市前股权	18.80%	18.10%	14.30%	13.00%	9.20%	7.80%
▨ 上市后股权	20.66%	15.80%	17.91%	11.32%	8.00%	6.80%
■ 上市后投票权	83.70%	3.20%	3.70%	2.30%	1.60%	1.40%

▥ 上市前股权　　▨ 上市后股权　　■ 上市后投票权

图 4-3　京东上市前后主要股东持股比例

从图 4-3 中可以看出，在京东上市之前，创始人刘强东是第一大股东，持股比例为 18.8%，与第二大股东老虎基金 18.1% 的持股比例仅相差 0.7%，如果其他股东联合起来，刘强东很可能会丧失对京东的控制权。融资与控制权兼顾的情况下，双重股权结构或许是最好的选择。因此，2014 年京东就采用双重股权结构在美国纳斯达克上市，上市后主要股东在股票收益权上没有显著变化，但是刘强东凭借 20 倍的表决权差异持有 83.7% 的股票，对京东享有完全的控制权。京东 2023 年年报显示，截至 2024 年 3 月 31 日，创始人刘强东持有 37 374 550 股 A 类普通股，305 630 780 股 B 类股，即占有 66.7% 的投票权。京东从成立之初，经过数次融资，创始人刘强东一直把握着控制权。

3) 京东实施双重股权结构的动因

(1) 化解股权融资与控制权稀释的矛盾。

京东在 2010 年转型综合电商赛道时，处于起步阶段。一方面初创型互联网企业一项重要的资产就是人才，如果创始人被逼离开企业，企业可能会偏离正确的轨道，对企业发展造成毁灭性的打击。另一方面，互联网更新迭代速度快，需要投入大量资金到研发之中才能维持公司在行业中的领先地位，公司的规模和业务扩张都需要大量的资金，并且在当时国内阿里巴巴占据主要市场份额，京东想要争得一席之地，就需要走建设物流仓储的重资产模式，做出差异化优势，这就对其前期的资金需求提出了更高的要求。债务融资成本过高并且违约风险也是最大的，当时市场对京东也没有足够的信心，所以债务融资并不适合京东，股权融资就成为了京东解决发展资金的重要手段。2007 年至 2013 年，京东已经历了五次融资，特别是 2011 年、2012 年的三轮、四轮融资让老虎基金的股权份额直逼刘强东的控制权，可以说最后选择以双重股权结构进行上市是权衡了当前环境和自身特点后的最佳选择，既能融资推动京东发展，又能避免控制权被稀释。以双重股权结构上市，刘强东持股 20.66%，但以 20 倍的超级投票权拥有 83.7% 的控制权，创始人可以通过较低的持股掌握绝对的控制权，为京东的长期战略布局以及电子商务帝国的构建提供了坚实的基础。此外，除在股东大会上刘强东占据控制地位外，董事会也由刘强东完全控制，京东董事会成员共 9 人，老虎基金、Best Alliance、Strong Desire 以及 DCM 各占一席，而刘强东及其团队占据了五席，巧妙地使占比超过半数，且董事会主席由刘强东担任。这也再次证明，实施双重股权结构对维护创始人的控制权起到了强有力的作用。综上所述，双重股权结构作为平衡外部资金涌入和保持控制权集中的手段，是京东集团的必然选择。

(2) 股东异质性特征明显。

根据股东异质性理论，股东可以被分为创始股东和其他股东，创始股东和其他股东在投资目的、退出成本等诸多方面均存在较大差异。其他股东以赚取投资利润为目的，他们的专长并不在企业经营和管理上，而是热衷于在资本市场中挖掘一个个"独角兽"。投资企业本质上是投资人，其他股东会更加倾向于投资具有才能和独到眼光的创业者，他们更在乎投入资本的增值和变现，往往在得到满意的投资收益后，便会果断减持股份或直接撤出，投资目的单一，资源投入也相对单一。老虎基金和今日资本在京东上市后的大幅减持就是很好的例证，无疑，他们认为刘强东是一位杰出的企业家。而创始股东对被创立企业具有强烈的主人公意识，他们投入了更多的人力资本和社会关系等非物质资本，对公司具有深厚的情感，他们会更加看重公司的控制权，期望可以一如既往带领企业走下去。同时创始股东更加清楚公司的战略规划和发展方向，有利于企业执行长期战略，保障企业平稳、持续发展。双重股权结构对创始股东控制权的保护，也会进一步加大创始股东承担的风险，会促使创业者更加用心地经营企业。普通股东对表决权一定程度上的让渡，也可以看作对公司创始人维持决策权的溢价补偿。总之，双重股权结构保护了创始股东的控制权，其他股东更加看重收益权，较好地解决了股东异质性带来的股东利益诉求差异的问题，有利于类似京东这样的互联网以及科技创新型企业的长期可持续发展。

(3) 贯彻长期发展战略的需要。

早在 2007 年，刘强东就提出要建设属于京东自己的物流体系，因为当时国内物流运输时间太长，货物丢失、破损情况时常发生，种种问题无法解决，成为客户的痛点。刘强东认为京东自建物流体系能最大限度解决诸如此类的问题，为京东开辟出发展道路。但是，对于轻资产的电商企业，想要打造重资产的物流体系需要大量的资产投入且过程相当复杂，这无疑是一项烧钱的长期发展战略，众多投资者并不看好这一发展战略，他们更倾向于快速投资变现。从 2007 年拿到第一轮融资开始，京东着手物流系统的建造，连续亏损 12 年，物流体系成为京东发展最大的拖油瓶。在战略坚持的第 13 年——2019 年，迎来了胜利的曙光，京东实现上市以来的第一次盈利，2019 年第二季度实现了 35 亿的盈利总额。京东市值也因此而大涨，突破 632 亿美元。2021 年 5 月 28 日，京东物流在港交所上市，市值超过 2500 亿港币，也证明了刘强东个人独到的战略眼光和卓越的管理才能。创始人对于企业的期盼除了获得丰厚的物质利益外，更为突出的是实现经营理想，因此，刘强东个人的理想抱负与公司的经营业绩形成了长期的紧密关系。相对外部投资者，创始人更有可能将京东带向更高的平台。如果京东上市后刘强东失去控制权，自建物流体系的战略很可能在其他投资者手中搁置或夭折，因此，为了保持原有的经营理念和经营战略，维持现有管理团队的稳定性以及创始人的控制权对京东集团的长期发展有着关键性作用。

4) 京东实施双重股权结构的积极影响

(1) 提高管理层决策效率。

在传统同股同权结构公司中，高级管理人员在敲定公司重大决策时，需要报经董事会审批，股东大会表决通过。但是由于存在多方利益互相掣肘，往往需要多轮会议才能确定下来，并且最终结果还可能会和管理层的最初设想有很大出入。在双重股权结构下，创始人既是重大决策的提出者，也是最终的决策者。这种结构可以大大提高决策效率，减少信息传递成本，帮助企业抓住转瞬即逝的市场机会。多年来京东的重大决策，刘强东只需参考自己决策顾问的意见，确定决策可行性和正确性即可，而不需要与更多股东达成共识，努力争取他们的投票来推进一项决定。这一流程上的简化提高了决策效率。不论是从线下转向线上经营还是从 3C 产品转向全种类经营，均是在很短的时间内作出的决定，正是这种决策效率使得京东抓住了每一个发展点，搭上了行业发展的快车道，为企业发展创造先发优势，实现了企业价值的快速增长。此外，京东集团的董事会构成专业性强，成员能够各司其职，并对企业主要业务有充足的认识和理解。一方面，董事会中下设委员会持续存在，专事专管；另一方面，京东集团的董事会成员普遍具备较高的专业能力，这也使京东集团的董事会执行能力更强，能够适配更高的企业运转速度。

(2) 加强管理层抗压能力。

双重股权结构通过特殊的股权安排，将控制权牢牢地稳定在控制人手里，使得控制人在作决策时可以完全从企业长远利益出发，不用因为暂时损害投资人短期利益而畏畏缩缩，可以非常独立地作出决策，不会受到各方利益代表的干扰。例如，2007 年，刘强东提出投资 10 亿美元建立物流体系，这一决定遭到了绝大多数高管的反对，他们认为，京东作为一家轻资产的互联网公司，投资重资产的物流板块很难成功，很可能会拖累主营业务的发展。此外，众多的外部投资者也看不到京东的短期盈利能力，频频拒绝注资。然而，刘强东凭借绝对的控制权通过了这一决定，之后的多轮融资非常艰辛，在物流体系转换成生产力之前，刘强东顶着巨大的压力。能承受这种压力是因为刘强东手中掌握着京东控制权。最后结果证明，当初京东集团的这一决定是非常正确的。这正是创始人掌握企业控制权的一大优势：可以帮助其卸掉资本短视的压力，独立客观地选择有利于企业生存和发展的最优方案。

(3) 坚持长期战略发展，提高企业盈利能力。

图 4-4 为京东盈利能力分析，从图中可以看出，京东的销售毛利率具有一定的稳健性，但是因为基础设施等重资产的投资，导致京东的盈利能力指标一直低于同行业平均水平，2015—2018 年其净利润一直为负值，净资产收益也为负值。直至京东采取双重股权结构在纳斯达克 IPO 后，盈利能力才有一定的改善，2019 年净利润达 118.9 亿元，2020 年净利润达 493.4 亿元，净资产收益率呈现出向上走的趋势，成功扭亏为盈。然而，净利润持续两年高涨后，京东陷入了上市后的低谷期，净利润再次为负值，但与此同时京东集团大

规模投资建设自有物流体系的规模效应优势逐渐显现，京东的成本被压缩，2021 年京东物流在香港上市，开始表现出厚积薄发的潜力，2022—2023 年，京东的盈利能力再次回升。

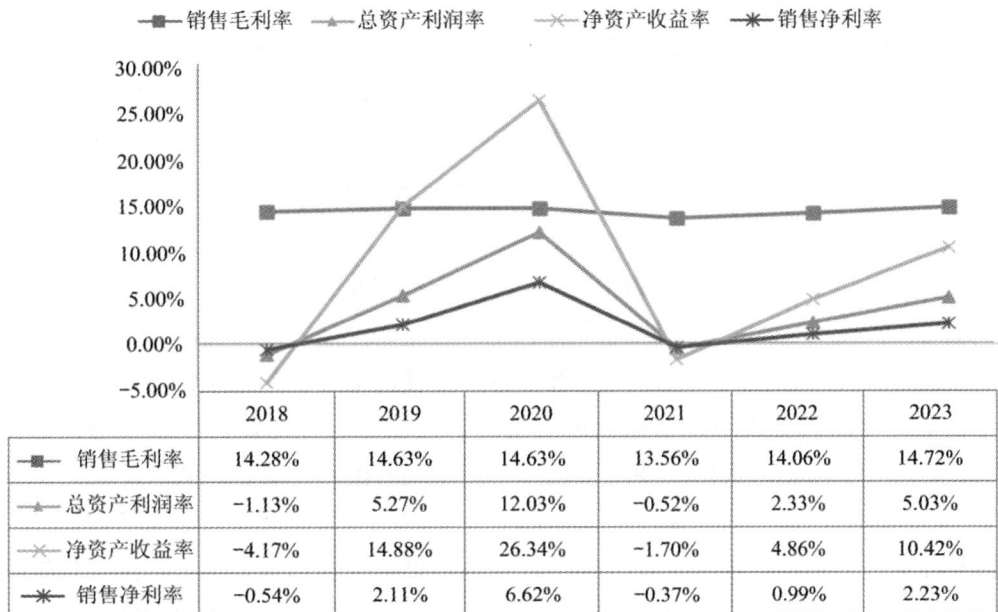

	2018	2019	2020	2021	2022	2023
销售毛利率	14.28%	14.63%	14.63%	13.56%	14.06%	14.72%
总资产利润率	−1.13%	5.27%	12.03%	−0.52%	2.33%	5.03%
净资产收益率	−4.17%	14.88%	26.34%	−1.70%	4.86%	10.42%
销售净利率	−0.54%	2.11%	6.62%	−0.37%	0.99%	2.23%

图 4-4 京东盈利能力分析

京东逆风翻盘，离不开双重股权结构所带来的创始人绝对控制权。净资产收益率长期处于负数状态，会使绝大部分异质股东以及潜在投资者对是否投资持观望态度，或者是撤出资金。由于京东采用双重股权结构治理公司，减少了股东或投资机构对企业盈利要求施加给管理团队的压力，不用考虑由于公司股权结构的变动使得管理团队丧失稳定性的风险，而能够使管理团队致力于长远的投资扩建和发展计划，放弃短期盈利，选择稳定电商市场地位、带动金融和物流发展的战略，不会使企业沦为大股东获得短期投资收益的工具。

5) 京东实施双重股权结构的消极影响

(1) 增加中小投资者的风险。

在同股同权制度下，一股代表一权，赋予股东与其持股比例相等的投票权比例。但双重股权制度赋予创始人或者对企业发展具有重大贡献的股东超级投票权，导致中小股东所持股票的比例低于投票权比例。京东即是如此，创始人刘强东在股东大会中拥有很高的话语权，在股东大会和董事会中可谓是"一家言"，一定程度上损害了中小投资者的利益，增加了中小投资者的投资风险。特别是创始人对公司未来的发展方向估计错误，势必会直接影响企业的经济效益，中小投资者又没有参与决策的权利，进一步增加了中小投资者的风险，这显然对中小投资者来说是不公平的。此外，由于大小股东之间的利益需求不同，当创始人与多数投资者的利益产生冲突时，双重股权结构中的大股东必然会优先考虑其自身的利益，忽略中小股东的利益，甚至可能通过损害其他股东尤其是中小股东利益的方式填补自身亏损，通过提高高管薪酬、在职消费、不合理并购为自己谋取私利。

(2) 信息披露不透明。

目前，对京东等双重股权结构的公司缺乏强有力的监管体系，公司信息可能不能及时、有效对外披露。内部监督方面，京东的公司章程规定，只要刘强东是董事，董事会决议就必须包括他的肯定票。可以说京东董事会的所有决定都由刘强东批准，董事会、监事会无法发挥内部监督作用。创始人很可能对部分信息进行隐藏，导致信息披露不透明。外部监管方面，京东集团主要在中国境内从事经营活动，总部也设在中国，但其注册地却在开曼群岛，这种安排使得对京东的监管面临一定的复杂性。双重股权结构产生的信息不透明这一弊端无疑给企业进行关联交易提供了便利通道。京东在纳斯达克和港交所上市，并未强制性规定公司披露相关信息，所以大众投资者也很难知晓其关联方关系，对公司的相关运作情况也了解得比较片面。这种信息不对称造成了一种外部监管薄弱、内部监督丧失的局面。创始人和管理层在信息披露程度上拥有较大的空间，他们可以裁定信息的披露内容和披露的水准，更可能遮掩负面信息或延期披露，从而损害公众投资者的信息知情权，使投资者无法准确了解公司的真实情况，甚至可能作出错误的判断，继而造成利益损失。

(3) 放大创始人效应。

在双重股权结构下，创始人拥有绝对的控制权，这也意味着企业与创始人本人进行了深度绑定。创始人成为公众眼中企业的名片，产生了所谓的"创始人效应"，其个人形象对企业会产生巨大的影响。具体而言，创始人良好的社会形象可以提高企业的知名度和竞争软实力。相反，创始人的负面新闻给公司股价造成的影响将被放大，即使和公司经营无关，也会给企业带来巨大的负面舆论，导致公司股价、市值的回落，从而影响中小股东的利益。如 2018 年发生的"明尼苏达州事件"对京东股价产生了显著的短期影响，相关数据显示，事件爆发后，京东股价在短期内出现震荡下跌。该事件期间京东股价走势如图 4-5 所示。表 4-2 为"明尼苏达州事件"发生前后股价情况。

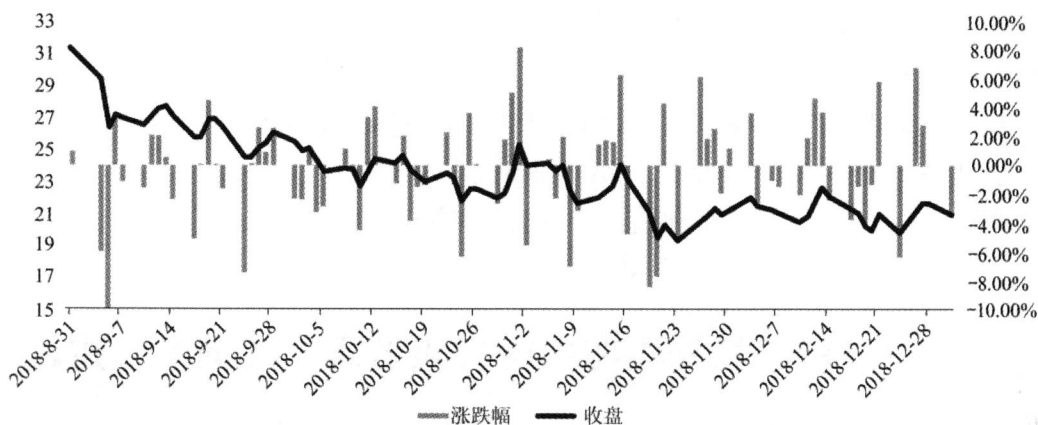

图 4-5 "明尼苏达州事件"期间京东股价走势

表 4-2 "明尼苏达州事件"发生前后股价情况

日　　　期	关键时间点	收盘价/美元	较上一个交易日涨跌幅
2018 年 8 月 30 日	事件爆发前最后一个交易日	31.30	0.97%
2018 年 8 月 31 日	事件爆发当天	29.43	−5.97%
2018 年 9 月 4 日	事件持续影响	26.30	−10.64%
2018 年 11 月 23 日	爆出细节	19.27	−5.26%
2018 年 12 月 20 日	事件结束前一个交易日	19.91	−1.29%
2018 年 12 月 21 日	事件结束当天	21.08	5.88%
2018 年 12 月 24 日	事件结束后第一个交易日	19.75	−6.31%
2018 年 12 月 26 日	事件结束后第二个交易日	21.10	6.84%
2018 年 12 月 31 日	年末收盘	20.93	−3.59%

　　结合图 4-5 和表 4-2 中关键时间点股价情况可知，京东的股价从 2018 年 8 月 31 日开始一路震荡下跌，2018 年 9 月 4 日收盘最终报价为 26.30 美元，当日跌幅高达 10.64%，为历史最大跌幅。而在 8 月 31 日、9 月 4 日两天内，京东股票价格共计回落超过 16%，公司市值亏损达 500 亿元人民币。随后在 2018 年 11 月 23 日，随着更多案件细节的曝光，当天结束交易时的股价为 19.27 美元，较事件爆发前最后一个交易日狂跌了 38%，公

司市值缩水 2500 亿元人民币。

在双重股权结构下，创始人个人形象与公司整体形象高度捆绑，其个人行为可能显著影响公司声誉、财务表现及投资者信心。刘强东事件表明，尽管事件本身属于个人行为，但创始人形象与公司业绩的关联被放大，影响了投资者对公司未来发展的评价。此外，企业价值受多方面因素影响，如市场环境、公司基本面和投资者预期等。京东在事件后通过加强内部治理和优化管理结构等措施，在一定程度上缓解了事件对企业长期发展的负面影响。

4.2　双重股权结构在中国香港资本市场的发展进程

4.2.1　中国香港双重股权结构的发展

香港作为我国的一部分，其资本市场比内地发展得更成熟，其双重股权进程也推进得更快，但香港对于双重股权的态度也存在反复，经历了允许—禁止—允许三个阶段。20世纪 70 年代，会德丰在收购联邦地产时，参照国外的先进经验，通过采用双重股权结构解决融资与股权稀释的矛盾，港交所也承认了这样的做法，会德丰成为了港股中第一家双重股权企业，开创了中国双重股权结构的先河。截至 1987 年，港交所共有 5 家上市公司(会德丰地产、联邦地产、连卡佛、太古股份、格兰酒店集团)发行了具有不同表决权的AB 股，A 股为普通股，B 股为特殊股，B 股拥有 5 倍或 10 倍的超级投票权。然而，1987年怡和集团事件造成了恶劣影响，上市公司创始人或创办家族发行 B 股的初衷，由融资时保留公司的控制权逐渐演变成以撤资为目的，大股东通过 B 股撤资的行为也引发了市场恐慌，公司治理与企业控制权争夺乱象频频出现，加上市场监管能力有限，市场濒临崩溃，股价下跌，于是港交所于 1989 年叫停了双重股权上市申请，已发行此类别股的公司可维持现状不变。

打破这一局面的是 2013 年阿里巴巴赴港上市事件。当时港交所因阿里巴巴的"合伙人制度"背离了其上市规则，拒绝了阿里巴巴的上市申请。2014 年，阿里巴巴赴美上市，其市值大涨，达到 2 383.32 亿美元，成为全球第二、中国第一大互联网公司。此后百度、京东等著名互联网巨头也先后赴美上市，只因美国证券交易所接受双重股权上市申请。港交所因此与大量优质企业失之交臂，引发了港交所对双重股权结构的重新思考。

2014—2018 年，香港证券交易所向社会各界展开了三次公开咨询，积极听取立法机构、法律专家学者以及市场投资者的相关建议。港交所改变规制，其中不乏面临较大的资本市场竞争压力以及对互联网新经济崛起的时代认识等缘由。通过问询，港交所进一步确定了市场的需求，对双重股权结构的上市资格审核和投资者保护措施形成了较为清晰的认识。2018 年 4 月 24 日，港交所正式发布 IPO 新规，允许上市公司采用双重股权结构上市，并从采用双重股权结构的公司要求、持续持有规则以及监管等方面进行规制。该规则已于当年 4 月 30 日生效。随后小米于该年 7 月 9 日正式在港交所以双重股权结构上市，开启了香港证券交易所双重股权结构上市的新篇章。

4.2.2　中国香港双重股权结构的实践

1. 中国香港双重股权结构公司概况

相对欧美国家，中国香港的双重股权结构的应用实践仍处于初步阶段。自 2018 年 4 月 30 日香港交易所重新接纳双重股权结构公司上市以来，截至 2024 年 4 月 30 日，已有 24 家采用双重股权结构的企业赴港上市。中国香港双重股权结构使用情况具体如表 4-3 所示。赴港上市的双重股权企业主要在 2021 年、2022 年有较大的增长，特别是 2021 年，双重股权结构 IPO 募集资金占到总 IPO 募集资金的 44.56%。在这些双重股权结构上市企业中，不少是在美国已上市，回到香港进行二次上市或双重上市，较为典型的就是阿里巴巴 2019 年在香港二次上市，是香港证券交易所目前最大的上市公司。阿里巴巴回港上市也是兑现了当时离开港交所奔赴美国上市时的承诺：只要条件允许，我们还会回来。

表 4-3　中国香港双重股权结构使用情况

年份	双重股权结构 IPO 数量	双重股权结构 IPO 金额/亿元	双重股权结构 IPO 数量占比	双重股权结构 IPO 资金占比
2018 年	2	609.49	1.01%	22.56%
2019 年	1	1012.00	0.64%	33.78%
2020 年	4	643.55	2.74%	16.55%
2021 年	9	1465.57	9.28%	44.56%
2022 年	6	9.74	6.74%	0.94%
2023 年	2	52.34	2.86%	11.42%

双重股权结构对企业风险承担的影响、
传导路径及经济后果研究

表4-4列举了截至2023年10月27日在港交所上市的双重股权结构企业以及相关信息。

表4-4　截至2023年10月27日在港交所上市的双重股权结构企业以及相关信息

序号	上市公司	上市时间	所属行业	表决权倍数
1	小米集团	2018年7月9日	技术硬件与设备	10
2	美团	2018年9月20日	零售业	10
3	阿里巴巴	2019年11月26日	零售业	—
4	京东集团	2020年6月18日	零售业	20
5	中通快递	2020年9月29日	运输	10
6	宝尊电商	2020年9月29日	软件与服务	10
7	万国数据	2020年11月2日	软件与服务	20
8	快手	2021年2月5日	软件与服务	10
9	百度集团	2021年3月23日	软件与服务	10
10	哔哩哔哩	2021年3月29日	软件与服务	10
11	百融云	2021年3月31日	软件与服务	10
12	联易融科技	2021年4月9日	软件与服务	10
13	小鹏汽车	2021年7月7日	汽车与汽车零部件	5
14	理想汽车	2021年8月12日	汽车与汽车零部件	10
15	微博	2021年12月8日	软件与服务	3
16	商汤	2021年12月30日	软件与服务	10
17	蔚来	2022年3月10日	汽车与汽车零部件	10
18	知乎	2022年4月22日	软件与服务	10
19	贝壳	2022年5月11日	房地产Ⅱ	10
20	涂鸦智能	2022年7月5日	软件与服务	10
21	腾讯音乐	2022年9月21日	媒体Ⅱ	15
22	BOSS直聘	2022年12月22日	软件与服务	10
23	途虎养车	2023年9月26日	汽车与汽车零部件	10
24	极兔速递	2023年10月27日	运输	10

从表4-4中可以看出，绝大多数企业的表决权倍数是10。从行业分布来看，主要集

中在零售业和软件与服务行业。一方面，零售业占据了较大的市值份额，这与目前我国人民对美好生活追求的社会价值密切相关，使其具有较大的市场增值空间；另一方面，软件与服务行业的企业数量较多，它们属于高新技术企业，这种类型的企业控制权和股权融资之间的矛盾较为突出，双重股权结构刚好能缓解这种矛盾。行业特征也是企业选择双重股权结构的重要动因。

2. 在中国香港上市的双重股权结构公司案例介绍——小米

在过去的 6 年中，港交所也收获了众多采用双重股权结构来港上市的优质企业。小米是第一家采用同股不同权结构在香港主板上市的公司。下面对小米集团的基本情况、股权结构、实施双重股权结构的动因及影响四个方面进行剖析，以了解双重股权结构在中国香港的应用实践情况。

1) 小米的基本情况

小米集团正式成立于 2010 年 4 月，是一家以智能手机、智能硬件和 IoT 平台为核心的消费电子及智能制造公司。发展初期主营业务为智能手机销售，走成本领先战略，通过开发 MIUI 系统，收集客户需求，了解客户痛点，2011 年成功推出了小米 1 代手机，2012 年推出小米 2 代和小米 1S，积累了大量用户。2013 年末，小米开始实施战略转型，业务模式从单一的手机销售模式转变为"铁三角"销售模式，主营智能手机，兼营 IOT、生活消费品和互联网业务。小米产品遍布全球 100 多个国家和地区。2023 年 8 月，小米连续 5 年上榜《财富》全球 500 强。截至 2022 年 10 月，环球时讯调查研究发现，小米已经成为我国第五大高科技互联网企业，其经营蓝图也不断扩展，经营范围包括电子设备、家居用品、食品、日化品、文化用品、服饰、移动网络服务等领域，囊括了人们生活的方方面面，成为一家综合性的高科技互联网企业。小米公司的发展历程如图 4-6 所示。

图 4-6　小米公司发展历程

数据来源：小米集团官网

2) 小米的股权结构

小米集团上市前的总股本为 2 094 169 083 股，如图 4-7 所示，其中雷军占 31.41%，林斌占比 13.32%，二人合计占比 44.73%。这个持股占比不足以让雷军完成对公司的绝对控制，而双重股权结构可以通过发行 A、B 两种具有不同投票权的股权，让创始人持有较少比重的股权而拥有较高的投票权，进而实现对企业的控制。小米将 A 类股定为特殊股，每一个 A 类股享有十份的投票权，A 类股由创始人持有，不可流通，但是可以按照 1：1 的比例转换为 B 类股票，B 股为普通股，每股享有一份的投票权，由其他投资者持有，可以流通，但不可转换。

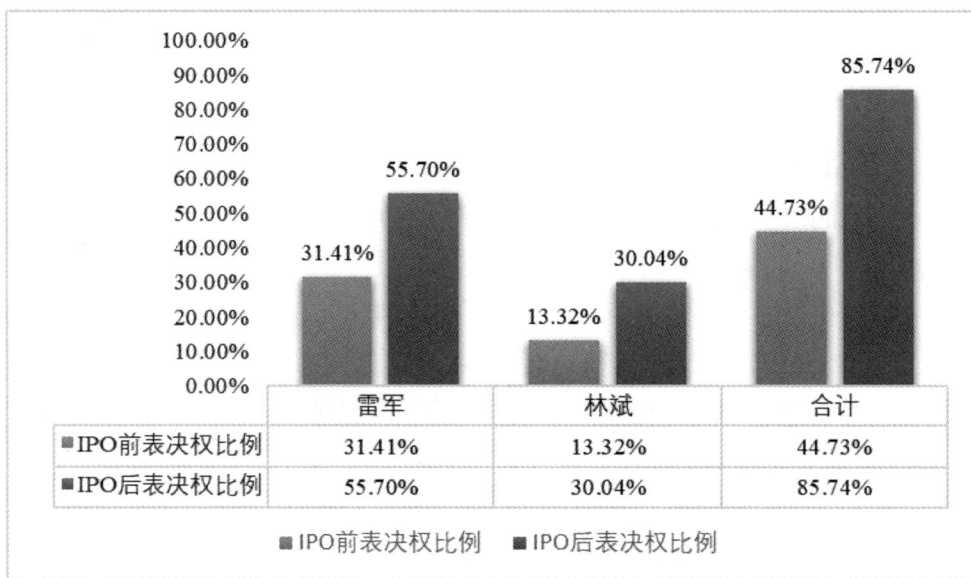

	雷军	林斌	合计
■IPO前表决权比例	31.41%	13.32%	44.73%
■IPO后表决权比例	55.70%	30.04%	85.74%

■IPO前表决权比例 ■IPO后表决权比例

图 4-7 小米 IPO 前后表决权变动

小米上市后，雷军享有 55.7%的投票权(A 类股 52.89%投票权；B 类股 2.81%投票权)，林斌享有 30.04%的投票权(A 类股 29.56%投票权；B 类股 0.48%投票权)，具体数据见表 4-5。根据公司章程，对于普通的决议事项，只需要出席股东大会的股东超过 1/2 的人投票赞成即可通过，而对于特别决议的事项，需要出席股东大会的股东超过 3/4 的人投票赞成才可通过。由于雷军和林斌二人拥有 85.74%的投票权，因此他们两人即可决定公司重大事项，雷军可单独通过普通事项，而林斌可以否决重大事项。雷军实现了对公司的实质性的控制。

表4-5　小米集团上市后创始人持股比例

股票类型	持有人	股份数量/万股	投票比例/%	持股比例/%
A 类	雷军	42 951.88	52.89	20.51
A 类	林斌	24 000.00	29.56	11.46
B 类	雷军	22 831.06	2.81	10.9
B 类	林斌	3912.34	0.48	1.87
B 类	其他	115 721.63	14.25	55.24
合计		2 099 416.91	100	100

来源：小米集团公开发行存托凭证招股说明书

3) 小米实施双重股权结构的动因

(1) 解决融资需求与控制权被削弱的矛盾。

由小米的发展历程可知，小米 2010 年成立后专注于智能手机赛道，其市场占有率在 2014 和 2015 年快速上升，在 2015 年达到巅峰，在中国的市场份额达到了 15%，占据第一的位置。然而好景不长，2016 年出现了明显下降趋势，2017 年虽有回升趋势，但是已经不能达到巅峰状态。国内智能手机市场的竞争日益激烈，小米需要不断增加研发投入用来进行产品升级，这就需要大量的资金投入，而债务融资的成本比较高，会给企业造成很大的还款压力，股权融资无疑是小米较好的选择。小米集团在上市之前经历了九轮融资，并且 F 轮融资总额超过前几轮融资的总和。在此过程中，雷军的持股比例由 44.09% 下降至 31.41%，下降接近 13%；联合创始人林斌的持股比例由 19.4% 下降至 13.32%，减少将近 6%。雷军和林斌的总持股比例由 63.49% 下降至 44.73%。若采用同股同权的方式上市，外来资本会进一步稀释控制权，创始人很可能会丧失对小米的绝对控制。融资和创始人所持股份比例降低对小米来说都是不可避免的状况。恰逢港交所 2018 年放开了对双重股权结构上市的限制，小米于 2018 年 7 月赴港上市。双重股权结构解决了融资需求与控制权被削弱的矛盾，既保持了充足的资金需求，又维持住了企业创始人的控制权。

(2) 与发展模式和企业文化高度相符合。

双重股权制度与小米公司的发展模式和企业文化都高度符合。众所周知，小米作为中国新一代手机智能科技公司，采用的是"硬件 + 新零售 + 互联网服务"的新型业务模式，小米的各个板块奉行的是低价政策，主打"高性价比"。在此商业模式下，让管理层拥有稳定、绝对的经营权才能把握好小米公司发展进程中的每一个节点。雷军也曾公开给小米消费者作出承诺，称他们的硬件业务综合净利率绝对不高于 5%，这比之前以低净利率著称的海尔公司和美的公司的 6%还要低。承诺如此低的净利率，确实可以吸引一大批用户，树立一个良好的企业形象。但同时小米公司的整体利润绩效将降低，公司股东的经济收益也会受损。所以，小米如果采取的是"同股同权"结构，雷军和林斌等管理层的股权随着融资被稀释后，其他股东出于盈利、资本变现等考虑，可能会改变这一发展政策，类似于 5%的企业承诺红线就会失守。

(3) 保证了企业长期稳定地发展。

在金融市场上，一直都存在着大量的投机者，时常有恶意并购的事件发生。如果没有特别的制度，每一个企业都很容易遭遇恶意收购。控制权的变更会带来企业人员的大调整，新管理人员对于物联网和小米原有的商业模式缺乏深入了解，对小米新商业模式"硬件、互联网和新零售"的潜力价值有可能认识不足，从而影响企业的长期发展。而双重股权结构通过发行具有不同投票权的股票，使得外部投资者即使持有再多的公司股票也无法获得同等的公司控制权，确保公司的控制权被牢牢掌握在持有高投票权股票的企业创始人手中。以小米为例，雷军一人就持有小米公司超过一半的投票权，避免了小米公司被恶意收购的风险，稳固了公司的控制权，也就保证了企业长期稳定地发展。另外，小米公司目前也在进行发展模式的转变，逐渐从手机销售转到互联网领域，而这种长期投入项目也需要更多资金的推动，可能会牺牲短期收益换取长期发展，这种策略很容易被其他股东制止。但双重股权赋予雷军等管理层自行作出资金投入决定的权力，以及对公司发展战略的绝对话语权，进而支持小米智能生态链的建设，实现公司长远发展的价值目标。也就是创始人团队才能有足够的魄力去拥护那些能够为公司带来长期发展的战略决策，在对那些前期投入大、短期内无法盈利但有广阔前景的项目进行投资时，他们不会被其他因素所影响，可以将注意力集中在公司的长远发展上，而不用过于在意短期的经营业绩或者股价波动，从而去提高公司的长期竞争力。

4) 小米实施双重股权结构的积极影响

(1) 降低公司治理成本。

在同股同权制度下，企业所有者和管理者之间因立场和利益不同，往往会产生较高的代理成本。创始人更注重公司的长期发展，所以可能会忽视短期利益，从而带来公司短期经营业绩下滑的风险，而股东持股的目的大多是获得资本利得和股东分红等短期能看得见的收益。两者在这一方面的不一致可能会加剧双方之间的代理成本。双重股权结构缓解了代理矛盾，这是因为双重股权结构会让创始人既是大股东，又是管理者，公司的发展也与其事业成就息息相关，从而统一了立场。换言之，创始股东与总经理二职合一，降低了代理成本和内部交易成本。同时，这种结构促使创始人在经营过程中对自己提出更高的要求，不断提升自身能力。因为他们的付出是能够见到回报的，在为公司服务的过程中，他们也为自己创造了利润，从而从源头上积极促进企业发展。此外，像雷军这样有情怀、有理想的创始人，在公司快速发展的过程中，能够获得超越工资和红利的满足感。这种满足感可以抑制创始股东以权谋私、在职消费等侵害公司利益的行为，从而降低代理成本，优化公司治理。

(2) 增强企业风险抵御能力。

双重股权结构通过对经营、财务两方面的影响降低了公司面临的风险。在双重股权结构中，创始人手中集中掌握超级投票权，能够避免恶意收购，保持公司战略的稳定执行。这种比较平稳的氛围使企业能循序渐进地按照创始人团队所制定的发展计划运行，这对于公司的长远经营目标是非常有利的。创始人和他们的团队能够完全控制生产资料，有利于企业内部资源的最佳配置和交易成本的降低，从而提升公司的经营绩效。此外，该结构使得管理层可以相对容易地保持对公司的控制，避免机构投资者的不当干预。在公司面临风险的时候，创始团队凭借其高瞻远瞩作出快速、精准的决策，从而提高公司的经营效率，有效抵御风险。此外，双重股权结构的运用也在一定程度上向市场释放了积极信号，投资者对公司的投资意向也会加强，使得公司财务风险降低。双重股权结构下公司治理更加多元化，从而提高了公司的风险承担能力。

(3) 提高企业绩效。

小米集团的长期战略，就是以厚道的价格来增加消费者群体数量，增强客户的黏性。小米集团并不像其他的互联网企业一样有让人眼前一亮的利润率，通过图 4-8 可以看出，小米上市后的销售净利率基本维持在 5%～9%，这与小米一直在践行其战略定位有关。小米注重通过低价优质的产品开拓市场，并没有通过在成本上疯狂加价的行为来提升自己的利润。这种战略很容易遭到其他外部投资者的扼杀，但双重股权对创始人控制权的保护，使小米能贯彻这一战略。小米也凭借着这一战略脱颖而出，占据行业重要地位。小米以双重股权结构上市后，扭转了销售净利润为负的局面，增强了其盈利能力。另一方面，面对市场经济下行的态势和港股市场的低迷，全球智能手机的销量均有所放缓，但由于小

米采用了同股不同权的模式，雷军基本可以保持最初的决策权，为企业的发展保驾护
航，所以即使面临低迷的经济形势，小米集团依然可以稳定发展，这证明了小米集团稳
定的盈利能力，也证明了采用双重股权结构上市的正确性。

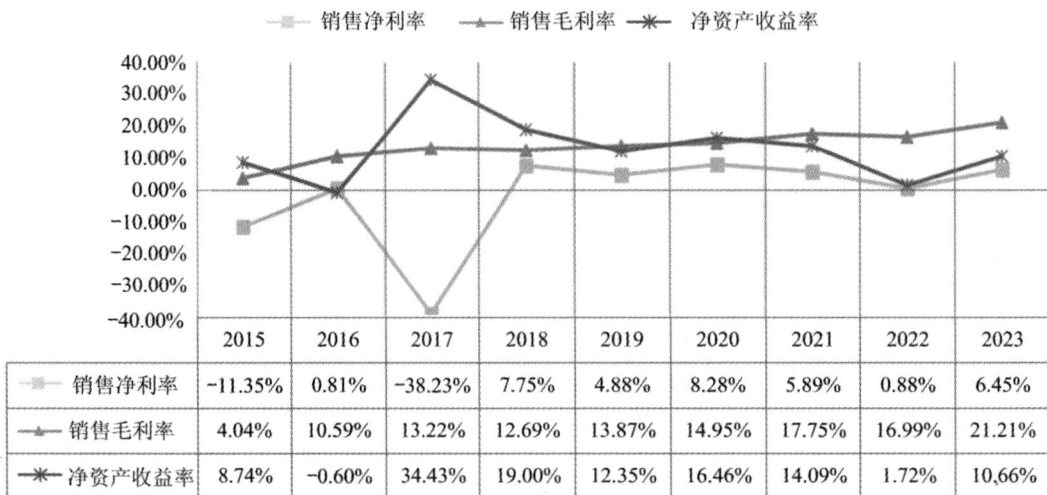

	2015	2016	2017	2018	2019	2020	2021	2022	2023
销售净利率	-11.35%	0.81%	-38.23%	7.75%	4.88%	8.28%	5.89%	0.88%	6.45%
销售毛利率	4.04%	10.59%	13.22%	12.69%	13.87%	14.95%	17.75%	16.99%	21.21%
净资产收益率	8.74%	-0.60%	34.43%	19.00%	12.35%	16.46%	14.09%	1.72%	10,66%

图 4-8　小米盈利能力分析

5) 小米实施双重股权结构的消极影响

基于企业发展需要和控制权保护两方面的考虑，小米采用双重股权结构上市后，依旧
采用零股利分配政策。零股利分配战略在短期内可以实现企业高效发展，但是长期来看，
要想所有股东为小米的发展让出自己的部分利益是不可行的，毕竟绝大部分股东与创始人
不同，他们投资只是为了获取分红或是谋求价差。小米的零股利分配战略对中小股东不友
好，使其忠诚度下降，一旦市场上爆出不利消息，他们将会迅速抛售小米的股票，造成小
米股价的断崖式下跌。图 4-9 为小米股价趋势图，从图中可以看出，2018 年 7 月上市当
日，小米股价跌破发行价，此后股价一路下跌，直至 2019 年 7 月，公布小米成为最年轻
的世界 500 强企业，同年 9 月，小米成为中国大数据 50 强企业以及第二季度报告中小米
毛利率增长率高达 28%，这一系列正面利好消息的出现，才使小米的股价有所回升。
2019 年、2020 年 IDC 所公布的手机市占率以及小米年报所带来的都是小米的正面利好消
息，使得小米的股价一路攀升。截至 2021 年 1 月 8 日，小米的股价达到 35.9 元/股，比
初始定价翻了接近一倍，但是小米股价的上涨也仅止于此。2021 年第三季度，小米的营
业收入增长率从 2021 年第二季度的 54.7%直接下跌到 8.2%。同时小米在国际手机市场的

份额也被苹果和三星抢占，市占率从 17%跌到 13.4%。种种不利因素同时出现，使得原本就对小米不够忠诚的股东马上抛售股票，小米的股价直线下跌，跌幅超过 60%。这表明公司股价对市场消息反应灵敏，不具有稳定性。

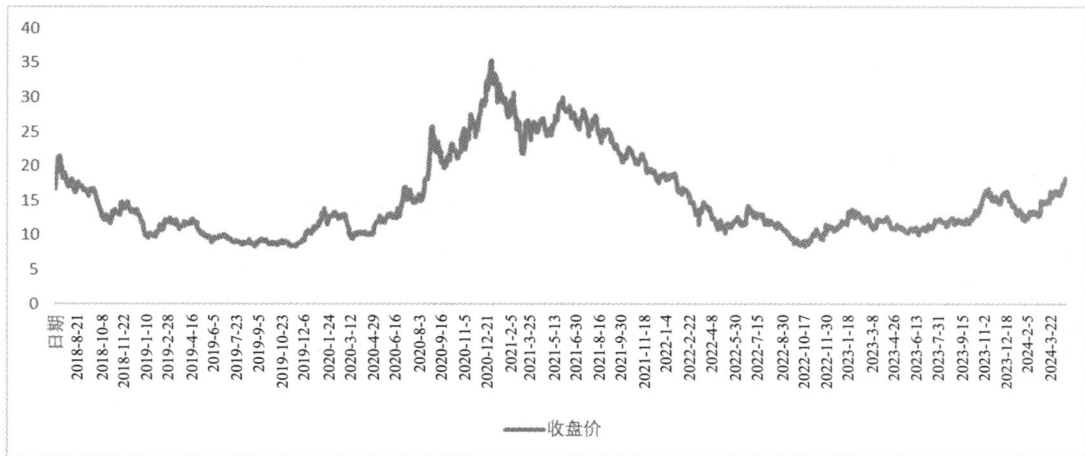

数据来源：东方财务网

图 4-9　小米股价趋势图

小米拥有庞大的生态链企业网络，截至 2021 年底，共投资超过 390 家企业，总账面价值 603 亿元人民币。然而，小米在财务报表上仅列出主要依附公司的投资金额及控股情况，其他大部分金额并未披露。这可能会影响中小股东的知情权，进一步影响中小股东的忠诚度。

4.3　双重股权结构在中国内地资本市场的发展与实践

4.3.1　中国内地双重股权结构的发展历程

我国上海证券交易所和深圳证券交易所自 20 世纪 90 年代成立以来就遵循《公司法》的"一股一权"制度，随着资本市场步步发展和经济的进步，各类企业对于股权结构呈现出多样化的需求，加之中国香港证券交易所、新加坡证券交易所等亚洲主流资本市场逐渐放宽对双重股权结构企业的上市政策，资本市场竞争日益激烈。为了提升对优质企业的吸引力，国内资本市场逐渐改变以往对双重股权制度的排斥态度，一定程度上放开对双重股权上市的限制，从禁止走向部分允许。目前中国内地的上交所科创板、深交所创业板、北交所都能接受企业双重股权 IPO。各大交易所对开放双重股权结构的具体政策如表 4-6 所示。2018 年，国务院发布文件规定了科技公司可以采用双重股权结构，我国开始逐步接受双重股权结构上市，影响最为重大的，是 2019 年上交所在《上海证券交易所科创板股票发行上市审核规则》中进一步规范了对科创板上市的差异化表决权架构公司的具体要求和制度安排。2020 年，优刻得有限公司在上海证券交易所科创板上市成功，开创了我国内地双重股权结构实践的先河。相继地，深交所、北交所出具相关文件详细说明表决权差异安排，中国内地双重股权结构进入了发展的萌芽阶段。

表 4-6　中国内地双重股权结构政策文件

时　间	发文主体	文　件	具　体　规　定
2018 年 9 月 26 日	国务院	《国务院关于推动创新创业高质量发展打造"双创"升级版的意见》	允许科技企业实行"同股不同权"治理结构
2019 年 3 月 1 日	上海证券交易所	《上海证券交易所科创板股票发行上市审核规则》	第二十四条对科创板上市的差异化表决权架构公司设置了具体要求
2020 年 4 月 27 日	深圳证券交易所	《深圳证券交易所创业板股票上市规则(2020 年修订征求意见稿)》	第四章第四节"表决权差异安排"规定，符合特定条件的同股不同权企业允许上市
2021 年 10 月 30 日	北京证券交易所	《北京证券交易所股票上市规则(试行)》《北交所上市公司业务办理指南第 5 号——表决权差异安排》	第四章第四节"表决权差异安排"规定，发行人具有表决权差异安排的，该安排应当平稳运行至少一个完整会计年度，且相关信息披露和公司治理应当符合中国证监会及全国股转公司相关规定
2021 年 12 月 24 日	全国人大常委会	《公司法》(修订草案)	第 157 条规定，公司可以按照公司章程的规定发行每一股的表决权数多于或者少于普通股的股份

4.3.2　中国内地双重股权结构的应用实践

1. 中国内地双重股权结构公司概况

我国内地采用双重股权结构上市融资的公司集中在上交所的科创板。严格意义上来说，我国内地资本市场接纳双重股权结构始于 2019 年，目前处于萌芽阶段。表 4-7 列示了 2019—2023 年科创板双重股权结构使用概况，可以看出尽管中国 A 股资本市场打开了双重股权结构上市的口子，但是采用这一形式上市的企业并不多，且呈现出缓慢的增长趋势，近两年(2023 年和 2024 年)甚至没有企业采用双重股权结构形式在科创板上市。这可能是因为双重股权制度在我国内地起步较晚，内地资本市场环境与政策成熟度仍有较大的发展空间，证监会对双重股权上市仍有较为严格的要求和条件，对想要以双重股权上市的企业提出了较高的规范要求，能够达到相关要求的企业较为稀少。

表 4-7　科创板双重股权结构使用概况

年份	科创板新增企业数量	双重股权结构数量	非双重股权结构数量
2019 年	70	0	70
2020 年	143	2	141
2021 年	162	2	160
2022 年	124	4	120
2023 年	67	0	67
合计	566	8	493

数据来源：Wind 数据库

截至 2024 年 4 月 30 日，科创板现有双重股权结构企业 8 家：优刻得、九号公司、汇宇制药、精进电动、思特威、奥比中光、经纬恒润、云从科技。以下基于现有的 8 家采用双重股权结构顺利上市的企业，对其上市时间、所属行业、特殊表决权倍数三个方面进行简单的介绍，如表 4-8 所示。从表中可以看出，采用双重股权结构上市的企业多为高新技术企业，从事软件、通信、计算机、电子等服务行业，这与其他资本市场双重股权结构上市公司的行业类型情况基本相似。不同的是，相对于美国、中国香港资本市场，中国内地双重股权结构上市公司的特殊表决权倍数设置相对较小，基本是 5～6 倍，中国香港双重股权结构上市公司超级投票权大多数是 10 倍，美国双重股权结构上市公司超级投票权可以到达 15 倍、20 倍、30 倍。由此，也能体现我国内地资本市场对双重股权结构的使用保持较大程度的谨慎。

表 4-8　中国内地双重股权结构使用情况

序号	公司名称	上市时间	所属行业	特殊表决权倍数
1	优刻得	2020 年 1 月 20 日	软件与服务	5 倍
2	九号公司	2020 年 10 月 29 日	计算机、通信和其他电子设备制造业	5 倍
3	汇宇制药	2021 年 10 月 26 日	医药制造业	5 倍
4	精进电动	2021 年 10 月 27 日	汽车制造业	10 倍
5	经纬恒润	2022 年 4 月 19 日	软件与服务	6 倍
6	思特威	2022 年 5 月 20 日	计算机、通信和其他电子设备制造业	5 倍
7	云从科技	2022 年 5 月 27 日	软件与服务	6 倍
8	奥比中光	2022 年 7 月 7 日	计算机、通信和其他电子设备制造业	5 倍

2. 中国内地双重股权结构公司案例分析——优刻得

2020 年，内地第一家采用双重股权结构的科技公司优刻得有限公司登陆上海证券交易所科创板，标志着我国内地双重股权结构时代的到来。下文选取优刻得作为双重股权结构公司个案，主要从优刻得基本情况、股权结构、实施双重股权结构的动因及影响四个方面进行阐述。

1) 优刻得基本情况

优刻得科技股份有限公司成立于 2012 年 3 月 16 日，公司在云计算领域处于第二梯队位置，经营范围包括网络科技、计算机技术领域内的技术开发、技术转让等。优刻得的主要产品和服务包括计算、储存、大数据及人工智能等，主营业务主要是通过公有云、私有云及混合云提供服务，其中，公有云创造了公司主要的收入来源，私有云和混合云业务则在近年来成为公司大力发展的对象，盈利能力持续提高。同时，着眼于国内大数据和人工智能的发展盛况，优刻得正在大力投入相关产品的研发，预期相关产品将成为公司下一个盈利增长点。

如今，数字经济已发展成为新的经济增长点，优刻得紧跟时代步伐，抓住机会，在拓宽数字化应用的深度和广度上下功夫，不仅在国内各大城市搭建地下服务站，还在莫斯科、圣保罗、雅加达等地成立了三十多个绿色环保、高效节能的云计算数字中心，并以此为依托在全球范围内吸引了将近五万家企业级消费客户，其服务的终端用户数量达到数亿人。除此之外，优刻得主动与我国多地区政府合作，并在上海和乌兰察布地区自建软件云计算数据中心，充分利用云计算中心的区位优势，在节约自身运营成本的同时，为国家数字化经济的发展也作出了不小的贡献。长远来看，未来云计算的赛道竞争十分激烈，优刻得的发展任重而道远。根据优刻得官网信息及招股说明书简单列示公司发展历程，如图4-10所示。

图 4-10　优刻得发展历程

2) 优刻得的股权结构

2019 年 3 月，优刻得董事会通过了一项新的决策，即采用双重股权结构。该决策将企业的股票划分 A 类(普通股份)和 B 类(特别表决权股份)。据此次议案安排，创始人季昕华、莫显峰、华琨持有 A 类股票，上市之后非创始人股东及公众股东持有 B 类股票，A 类股票每股投票权数量是其他中小股东所持有的 B 类股票的五倍，并且每份 A 类股票的投票权数量相同。在优刻得第十次增资后，即 IPO 前，公司共发行了 A 类股票 9768.82 万股，B 类股票 26 634.4 万股。此时创始人合计持股 26.84%，君联博珩和元禾优云的持股比例直逼季昕华，可以说创始人对公司的控制权岌岌可危，因此，公司通过双重股权结构上市，发行了 5850 万股人民币普通股(A 股)。IPO 后优刻得前十大股东持股比例均下降，但是因为双重股权架构设计的缘故，季昕华、莫显峰、华琨组成的创始人团队的投票权达到 60.05%，创始人团队依旧拥有着绝对的控制权。图 4-11 为 IPO 前后持股对比，表 4-9 为优刻得上市前后股权设置情况。

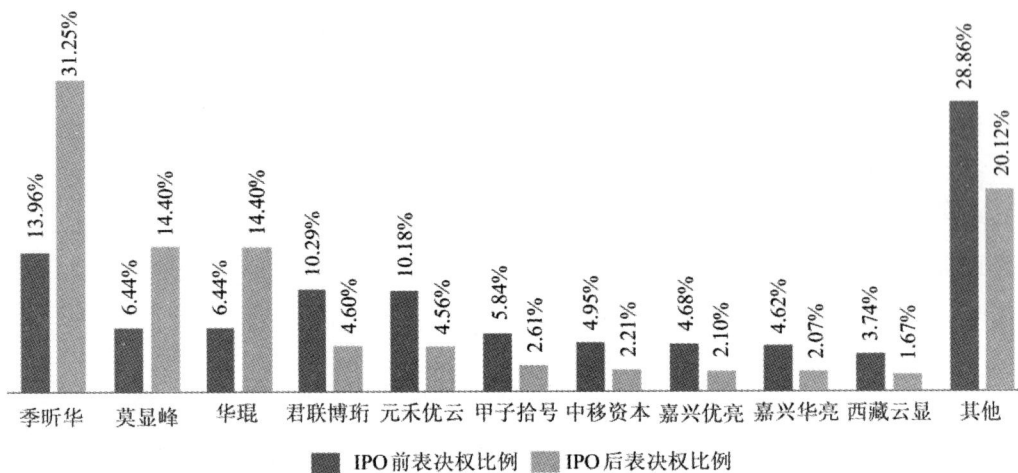

图 4-11　IPO 前后持股对比

表 4-9　优刻得上市前后股权设置情况

序号	股东名称	股票类型	IPO 前		IPO 后		
			持股数/万股	表决权	持股数/万股	股权比例	表决权
1	季昕华	A 类	5083.12	13.96%	5083.12	12.03%	31.25%
2	莫显峰	A 类	2342.85	6.44%	2342.85	5.54%	14.40%
3	华琨	A 类	2342.85	6.44%	2342.85	5.54%	14.40%
4	君联博珩	B 类	3744.07	10.29%	3744.07	8.86%	4.60%
5	元禾优云	B 类	3704.68	10.18%	3704.68	8.77%	4.56%
6	甲子拾号	B 类	2125.64	5.84%	2125.64	5.03%	2.61%
7	中移资本	B 类	1800.59	4.95%	1800.59	4.26%	2.21%
8	嘉兴优亮	B 类	1704.39	4.68%	1704.39	4.03%	2.10%
9	嘉兴华亮	B 类	1681.87	4.62%	1681.87	3.98%	2.07%
10	西藏云显	B 类	1360.42	3.74%	1360.42	3.22%	1.67%
11	其他	B 类	10 512.74	28.86%	16 362.74	3.21%	20.12%
		合计	36 403.22	100%	42 253.22	100%	100%

数据来源：优刻得招股说明书

3) 优刻得实施双重股权结构的动因分析

(1) 维系创始人团队控制权的选择。

初创期的高新技术公司更倾向于通过股权融资的方式满足资金的需求,优刻得在初创时期,通过不断融资获得资金谋求发展。2012—2020 年,优刻得已经经历了 15 轮融资,一轮轮的融资活动让三位创始人季昕华、莫显峰、华琨的持股比例分别下降为 13.96%、6.44%、6.44%,共计 26.84%,已经影响到了创始人对公司的控制。在心理层面上,三位创始人在优刻得的创建过程中付出了大量的心血,他们对企业的经营与发展有着明确的认知,为企业的发展打下了坚实的基础,创始人对优刻得有着非常强烈的心理所有权。而公司发展需要大量的资金,上市融资是优刻得发展的迫切选择,一旦优刻得上市,将会涌入大量的外部投资者,创始人团队持股比例会大大降低,进一步削弱创始人对公司的控制权。双重股权结构恰好能解决融资与控制权保留的矛盾,既能筹措到公司发展需要的资金,又能保持三位创始人对公司的控制权。通过实施双重股权结构,创始人团队拥有超级投票权,在持股比例仅 23.12%的情况下获得 60.05%的表决权,结合优刻得公司章程规定,公司日常决议只需半数股东通过即可,因此上市之后,创始人依旧能控制公司相关决策。

(2) 科技创新型企业本身特性。

从公司的业务模式上来看,优刻得属于云计算行业,是一家高科技新型企业。其企业竞争力的高低直接体现在技术创新和科技人才方面。云计算行业对技术更新、研发创新和科技人才有较强的依赖性,因此优刻得既是技术密集型企业,也是资金密集型企业。目前国内云计算行业大部分市场份额被具有明显优势的第一梯队企业如阿里云、腾讯云等所占领,优刻得属于初创企业,其想要在云计算行业谋求一定的市场份额,在激烈的市场竞争中生存下来,势必要加大研发创新力度和产品营销,开拓市场,吸引客户,同时提高产品黏性,留住老顾客。这个过程始终需要维持较大的资本投入,而项目投资回收期较长。每年巨额的资本投入会对公司绩效带来巨大影响,净利润会出现很大的波动。若外部投资者对公司经营具有决定权,这种情况下很可能出于对投资回报的考虑而叫停相关研发项目。科技创新型企业具有资金投入大、持续创新需求强、人才依赖性强、投资回报周期长等特性,要求在融资过程中必须确保创始人对公司的绝对控制,优刻得正是如此,因此选择双重股权结构无疑有利于优刻得的长期发展。

(3) 实现长期战略愿景。

优刻得在发展策略和技术研发方面都有自身的合理规划，其制定的"CBA"发展策略将云计算(Cloud Computing)战略、大数据(Big Data)战略和人工智能(AI)战略结合在了一起，推动互联网产业由传统的消费互联网驱动逐步转向产业互联网驱动，能更好地适应行业发展和未来技术的进步。这些项目不仅投资金额巨大，而且投资周期长。例如，内蒙古乌兰察布市集宁区优刻得数据中心项目(一期和二期)拟募集资金 10 亿元以上，新一代人工智能服务平台项目拟募集资金 5.7 亿元以上。除内蒙古乌兰察布市的投资回收期是 4 年以外，其余平台项目的投入期均是 5 年。这些项目的推进，要求创始人团队对公司的长远发展有着更清晰的认识，能持续不断为公司投入大量的资金和精力，督促项目的推进工作。外部投资者的主要目标是盈利，所以他们更在意公司的短期利润水平，但是，优刻得作为一家科技创新型企业，其生存和发展不能禁锢于眼前，对于上市公司而言，需要制定更长远的发展目标和财务指标。

若直接使用同股同权上市，在引入外部投资者后，创始人控制权会被稀释，而外部投资者可能更多地注重公司的盈利性，更加注重短期利益的获取，不利于优刻得的未来发展。双重股权结构的引入，则可以降低创始人与股东之间的利益冲突程度，有利于保护公司的长远利益。双重股权结构的引入，能让优刻得经营活动的决策权紧紧把握在创始人团队的手中，企业不至于过多地承受更加注重短期利益的外在投资者的胁迫，能够保证企业长期战略的有效实施，可以根据公司管理团队的长期愿景来经营和发展公司。

4) 优刻得实施双重股权结构的积极影响

(1) 降低代理成本。

代理成本是指在公司治理过程中，因为所有权和经营权的分离，出现代理问题所需要付出的成本。基于委托代理理论，双重股权结构容易使得公司的控股股东在管理层中担任重要职务，缩小了所有者和管理者在公司重要事项中的立场差距，减少了代理摩擦，可能有利于降低企业代理成本。可以采用管理费用率和总资产周转率来反映第一类代理问题，一般认为管理费用率越低，企业日常经营活动控制程度越强，决策磋商摩擦越少，代理成本越低。总资产周转率体现的是企业经营过程对资产的使用效率，是管理者努力程度和效率的体现，总资产周转率越高，也能间接表明代理成本越低。由图 4-12 可以看出，2017 年至 2023 年间的管理费用率整体上呈下降趋势，总资产周转率从 2017 年开始呈上升趋势，在 2019 年达到最高，在近两年有所降低。这表明，优刻得采用双重股权结构上市，管理层成本控制和资产利用效率都得到了提升，从而使得代理成本不断降低。通过采用双重股权结构上市，企业能够有效地将创始人的控制权发展到极致，使得整个企业的战略选择和运营完全由创始人来确定，从而避免因后期选择困难而形成的责任推卸的情况，提升整个企业的发展效率，推动企业快速发展，同时也有效减少了代理问题。

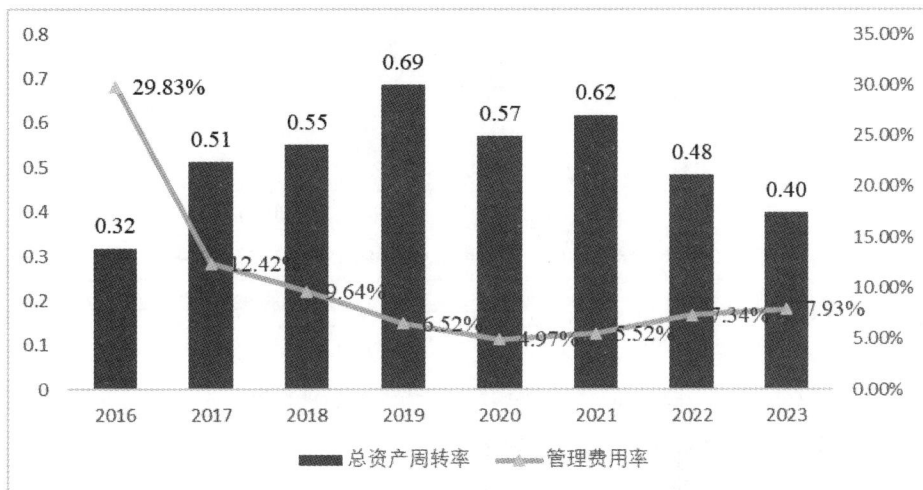

图 4-12　优刻得代理成本分析

(2) 优化企业资源配置。

　　双重股权结构是一种特殊的治理结构安排，能够增强企业家精神，确保创始人从长期利益出发，减少决策短视行为。自 2019 年优刻得设立特别表决权制度后，创始人便开始对公司未来发展进行规划。创始人团队更加关注企业长期发展，其深知企业在初期阶段需要大量的资金来实现其战略目标。优刻得的战略目标，是以技术创新为依托提升产品及服务的核心竞争力，建立自身的数据库中心，为客户提供独立的云计算服务。这需要在固定资产和无形资产上进行大量投入。双重股权结构下，保障了创始人对公司的控制权，创始人会根据自身的管理优势来优化资源配置。优刻得固定资产与无形资产概况如图 4-13 所示，可以看出，2020 年、2021 年优刻得固定资产有较为明显的增长，增长达到 43.89%、24.78%，无形资产在 2019 年、2020 年更是有着本质的增长，这是因为优刻得购买了土地使用权进行数据中心的建设。优刻得在上市后对固定资产、无形资产的大规模投入与长期战略相关，未来想要实现更高的规模效应，必须加大对数据中心的研发和建设。

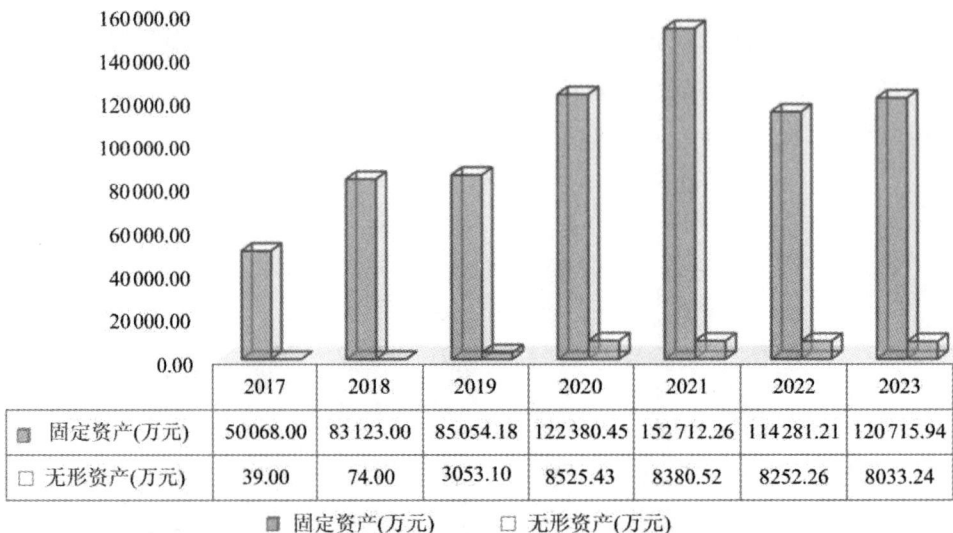

	2017	2018	2019	2020	2021	2022	2023
固定资产(万元)	50 068.00	83 123.00	85 054.18	122 380.45	152 712.26	114 281.21	120 715.94
无形资产(万元)	39.00	74.00	3053.10	8525.43	8380.52	8252.26	8033.24

■ 固定资产(万元)　□ 无形资产(万元)

图 4-13　优刻得固定资产与无形资产概况

5) 优刻得实施双重股权结构的消极影响

(1) 公司面临内外部监督机制失效的风险。

从内部监督视角看，双重股权结构赋予了创始人团队绝对的控制权，使得股权大会的决策功能失去效用，公司的重大决策基本由创始人作出即可，公司治理机构中的董事会、监事会的监督功能也受到一定限制。具体来说，在优刻得公司中，三位创始人具有特殊表决权和一致行动协议，表决权超过 60%，创始人团队即可对公司基本事项作出决策，股东大会的实际作用无法发挥。此外，公司的董事会中，代表创始团队利益的董事有 5 位，已经超过半数，创始团队可以有效控制董事会。除此之外，该公司的 9 位董事中有 5 位在企业担任高管，在董事会成员中的占比已经超过 50%，存在严重的高管和董事两职合一的问题，导致董事会的监督职能失效。公司的监事会由 6 位监事组成，其中 4 位是股东代表，2 位是职员代表。公司内部民主选举产生职工代表，股东代表则由股东大会选出。创始人团队也能有效控制监事会，这使得监事会无法充分发挥其监督职能。

从外部监督视角看，市场收购被视为有效的监督机制，可以使经营不善的企业通过低成本收购实现资源整合。在竞争激烈的行业背景下，公司经营者会十分注重经营绩效以及为股东创造的价值，从而促进行业内企业的更新与完善。但双重股权结构破坏了企业外部收购压力和企业发展之间的平衡，享有特别表决权的股东不会因为恶意收购而丧失控制权。即使公司内部管理不善或者管理层存在重大失误造成股价暴跌，遭到敌意收购的概率也很小，这反而凸显了外部监督的失效。

(2) 增加了中小股东利益受损的风险。

双重股权结构下，控制权很大程度上会保护企业长期战略的实施，但也可能让创始人团队即使面临短期盈利不佳的情况，也会坚持实施有益于长远目标达成的战略计划，容易陷入企业长期战略决策与目标的局限中，较少关注企业的短期目标与经营利润。优刻得仍处于云计算行业前期阶段，这一阶段对技术、资金的投入要求较高，公司需要大规模采购、部署和升级服务器，为数据中心建设进行长期部署。加上优刻得低成本的竞争策略，使得主营产品的利润较低。近三年的疫情也给行业市场带来了冲击。为寻求行业突破，优刻得开始发展新业务，开拓市场，还免费提供了一部分服务，导致研发费用和销售人力成本增加，极大地影响了企业的短期盈利能力。优刻得盈利能力分析如图 4-14 所示。2020年，公司净利润跌破负值，公司持续发生亏损，中小股东的利润分配权受到损失，与此同时，持续下跌的利润引发股价的持续下跌，股东更是难以获得资本利得收益。此外，双重股权结构使中小股东无法参与公司的决策和管理，当创始人团队作出错误决定致使企业陷入困境时，中小股东将承担的损失可能会远超过创始人团队所承担的赔偿责任，极大地增加了中小股东利益受损的风险。

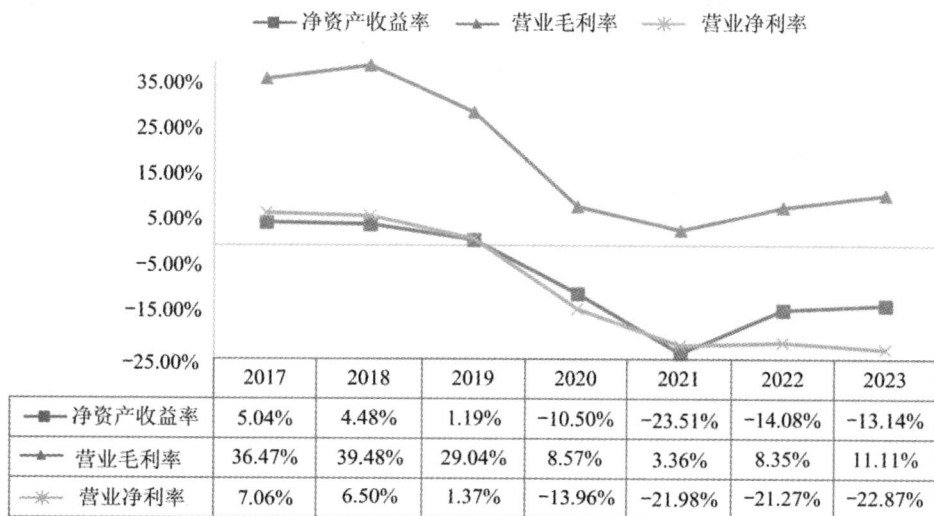

	2017	2018	2019	2020	2021	2022	2023
净资产收益率	5.04%	4.48%	1.19%	-10.50%	-23.51%	-14.08%	-13.14%
营业毛利率	36.47%	39.48%	29.04%	8.57%	3.36%	8.35%	11.11%
营业净利率	7.06%	6.50%	1.37%	-13.96%	-21.98%	-21.27%	-22.87%

图 4-14　优刻得盈利能力分析

(3) 增加企业对外信息披露不足的风险。

在双重股权结构下，创始股东拥有绝对控制权，有权提名公司的首席财务官，并掌握公司经营和战略决策等信息。公司财务信息的生成与审议均受创始人团队的影响，相关信息的披露受到限制，加上内外部监督较为薄弱，很容易导致双方信息不对称，增加了企业信息披露不及时、不全面的风险。比如，为吸引外部投资者，创始股东可能减少或延迟不利信息的披露，投资者因不能及时获得准确、全面的市场信息，很可能作出错误决策，进而造成利益受损。企业不规范的信息披露行为也会造成市场监管困难，进一步加剧信息不对称，形成恶性循环，不利于市场健康有序地运行。

2022 年 12 月 17 日，上海证监局以未及时披露公司重大事件，未依法履行其他职责对优刻得科技股份有限公司、季昕华、桂水发出具警示函，这更加证实了公司确实存在对外信息披露不足的风险。双重股权结构给予创始人较大的经营决策权，但又缺乏一定的监督和监管，导致创始人对信息披露的内容、时间具有很大的主导权，进而增加了企业对外信息披露不足、不及时的风险。

通过研究美国、中国香港、中国内地三个资本市场双重股权结构的发展历史及实践状况可以发现，双重股权制度的产生本质上是为了缓解企业股权融资和控制权的矛盾，公司能上市融资，创始人的控制权又能得以保留，一定程度上会缓解企业代理问题，提高管理层决策和抗压能力，推动企业的长期发展。这种模式被众多的初创高科技企业所使用。同时，双重股权制度对中小股东投票权会产生一定的负面影响，可能加大了中小股东利益受损的风险，不利于公司信息的准确披露，给投资者造成损失。对三大资本市场双重股权结构上市公司进一步研究后发现，双重股权结构发展至今，在帮助众多企业健康发展方面发挥了较大的优势，同时其带来的负面影响也不能忽视，需要企业管理层不断加强公司治理、完善信息披露，需要外部监督机构加强监管，规避双重股权结构所带来的不良影响。

第五章
双重股权结构对企业风险承担水平的影响

▊ 5.1 理论分析与研究假设

    古典经济学将土地、资本和劳动力作为关键生产要素，通过这些资源的组合来建立和运营企业，其基本假设前提是资本雇佣劳动，资本的提供者(股东)享有公司的控制权和剩余索取权。同样地，公司治理理论根据该逻辑基础，建立股权同质性假定，将无差异的资本作为股份公司内部权力配置的唯一标准，并采用资本多数决原则(汪青松，2011)。然而，随着科技的进步，股权同质性假定在科技创新企业的发展过程中，逐渐显现出明显的不适应性。通过投入资本拥有公司股份的财务股东并不了解公司的行业发展特质，无法在战略决策中作出正确的方向判断。而公司的创始股东为了换取企业发展资金而稀释股份后，其在股东大会中的投票权比例越来越低，逐渐失去了话语权。

    20 世纪 90 年代，在政府的支持下，建立了上交所和深交所两个证券交易市场，为能够获得上市资格的公司拓展了融资渠道。进入 21 世纪后，私募股权基金和风险投资基金蓬勃发展，未上市公司也获得了外部股权融资机会，特别是新三板的设立，标志着我国已建立起多层次资本市场融资体系，资本要素不再稀缺。当今市场不缺资本，而缺少能够运用资本进行技术创新或商业模式创新，并为之不断奋斗的创业者。相比传统制造业企业，科创企业特别是互联网等轻资产企业的发展更加依赖能够发掘独特商业模式、承担风险，并持续不断创新的企业家。因此，企业家的专业知识、经验判断和卓越才能对公司的发展至关重要，如苹果的乔布斯、微软的比尔·盖茨、Facebook 的扎克伯格、京东的刘强东。企业的成功很大程度上取决于企业家的远见卓识和不懈努力。

    企业家对于现代企业的发展至关重要，是企业稀缺的战略资源。能否塑造和培育具有企业家精神的人才是科技创新企业成败的关键。企业家理论的集大成者——熊彼特认为：企业家借助"创造性破坏"的创新活动打破原有的企业均衡，从而实现跨越发展。在熊彼特看来，企业家并非企业的投资者，普通的股东不是企业家，企业家也并非一般意义上的管理者，他是实现上述新组合的人。企业家身份不是持久不变的，当他安定下来经营这个企业，就像其他管理者经营他们的企业一样的时候，他就失去了企业家这种资格。只有当他在不停地进行创造性破坏时才是一个企业家。

关于企业家精神的内涵，不同学者关注的侧重点不同。德鲁克与熊彼特一样都推崇创新精神和冒险精神，赫希曼更关注企业家的合作精神，凡勃伦强调诚信，韦伯重视企业家的敬业精神。总体而言，学者们普遍认为创新精神和冒险精神是企业家精神的核心，企业家精神是开展创新与创业活动的原动力，能为产业高质量发展提供新的动能和路径，有效推动企业转型发展(王敏，2012；王新平等，2022)。具备冒险精神和创新精神的企业家更加善于寻求市场机会，挖掘潜在资源，带领企业开拓新的发展空间。

企业风险承担水平反映了企业追逐高额利润并愿意为之付出代价的倾向(Lumpkin and Dess，1996)。根据风险偏好理论，投资项目的风险与收益一般成正比，承担的风险越大，收益越高。合理的风险承担能够促进企业创新，增强企业的竞争力，促进企业成长和提升绩效(Boubakri et al.，2013)。尽管承担过多的风险可能导致企业破产，但是几乎没有任何企业可以不承担风险而获得成功(Nakano and Nguyen，2012)。民营企业风险承担水平显著高于国有企业(Bontis，2001；Boubakri et al.，2013)。公司股权结构对风险承担存在一定影响，在拥有多个大股东的股权结构下，内部监督机制会得到加强，公司风险承担水平显著低于单一大股东(朱冰等，2018)。双重股权结构使得创始股东以较低持股比例获得公司控制权，作为一种隐性激励机制，可以激发创始人更专注、更投入地工作，不辜负普通股东的信任，提升创业团队的凝聚力和创造力，发扬企业家勇于创新的精神，提升公司的风险承担水平。

从行业特征来看，科技创新公司等轻资产型企业更依赖于创始人的创新能力和勇于承担风险的勇气。双重股权结构作为一种创新的股权架构安排，确保创始股东在经历公司的多轮融资后，仍保留公司的控制权。双重股权结构一方面为物质资本和人力资本提供了纽带和桥梁，保护了创始股东的控制权；另一方面也激励创始股东不辜负普通股东的信任，对企业保持强烈的使命感、责任感，将企业的发展作为他们理想和价值实现的基础，激发创始股东更专注、更投入地工作，运用其独有的技术，勇于承担风险，努力奋斗，最终成就伟大的企业(郑志刚等，2016)。纵观我国采用双重股权结构的科创企业，如京东、百度、小米、美团等，都将双重股权结构作为有效的激励机制，通过赋予创始人绝对控制权，促使创业团队向企业投入更多的人力资本，发挥创始团队的独有技术、个人能力、远见卓识，提高公司的风险承担能力、变革创新能力，从而促进公司快速发展。

基于以上分析，提出假设 1a：

H1a：相较于同股同权企业，双重股权结构企业的风险承担水平显著提升。

然而，根据委托代理理论，超级投票权犹如一把双刃剑，为创始股东便捷地获得公司控制权的同时，也因投票权与现金流权严重分离，可能会带来额外的代理成本，产生控制权滥用问题(Bebchuk et al.，2010)。创始股东可能会侵占中小股东利益，加剧第二类委托代理成本，主要表现在：增强管理层的堑壕效应、追求构建商业帝国、过度投资、享受特权、推卸责任等。由于控制权和现金流权严重不匹配，当具有高投票权的控股股东产生道德风险，将自身利益而非公司利益置于首要位置时，会作出不利于公司价值的经营决策与财务决策(Masulis et al.，2009；Tinaikar，2014)，降低企业的长期业绩表现(Smart et al.，2007)。由于外部股东投票权低，无法对企业进行有效监督，创始股东出于自身利益的考量"蚕食"企业的资源，通过关联交易、不合理对价的并购等方式，逐渐将企业资源占为己有，为己所用，导致创新研发投入的资金不足，缺乏"造血"的长效机制。另一方面，创始股东持股比例较低，因而享有的公司财务成果的分配比例较低，当创始股东产生道德风险时，不会竭尽全力打造企业技术创新或商业模式创新的核心竞争力，使得企业创新能力下降，风险承担水平降低。双重股权结构的控制权和现金流权严重背离，如果引发高投票权股东产生道德风险，将带来一系列利用控制权谋取私利的行为，对企业风险承担水平产生消极影响。

当企业内部存在较严重的信息不对称现象时，处于信息"高地"的创始股东可能通过信息操纵进行盈余管理，粉饰公司业绩，获取外部股东对公司发展的信心(Masulis et al.，2009)。投票权和现金流权分离程度越严重，企业披露的信息质量越低，管理层进行盈余操纵的可能性越大(Nguyen et al.，2010)。为了掩盖双重股权结构公司发展前景不佳的情况，管理层倾向于降低企业的信息透明度，加大外部股东的监督难度。Huang and Kisgen(2013)的研究也表明，双重股权结构公司披露坏消息的时间比同股同权公司更迟，信息披露方面有更多弊端。因此，双重股权结构会削弱外部监督的能力，降低公司信息透明度，创始股东的道德风险可能引发第二类代理问题，降低企业的风险承担水平。

基于此，提出假设 1 的备择假设：

H1b：相较于同股同权企业，双重股权结构能够显著降低企业的风险承担水平。

企业的生命周期是指企业发展和成长的动态轨迹。在生命周期的不同阶段，企业的生产经营目标和组织特征存在着较大差异，企业的市场机会、面临的风险和创新环境也不同。囿于资源的有限性，企业需要权衡利益，作出不同的战略选择。处于成长期的企业，资本处于逐渐积累的时期，实力较弱，尚未形成成熟的管理模式和组织架构，面临较高的生产成本。企业在这一阶段生存的关键是扩大宣传，稳步提升市场占有率(陈红等，2019)。步入成长期后，企业拥有了初期的资源禀赋和前阶段的资本积累，配备了一定的资本，从而有"底气"更加注重创新，激活科技创新这一"源头活水"，致力于开发新产品、发现新需求、开拓新市场、汲取新资源，不断塑造企业发展新动能新优势。因此，双重股权结构企业在企业的成长期以扩大市场规模、提高市场影响力为阶段性目标，力求"行稳致远"，从而倾向于规避风险投资等收益不确定性较高的项目，这可能抑制双重股权结构对企业风险承担水平的提升作用。当企业进入成熟期时，企业具备了充沛的资本、人力和信息等资源，为了维持企业的竞争能力和市场地位，企业会积极探索可持续发展路径，推行企业集约化、精细化的生产模式(张芳等，2024)，及时地获取创新信息以及创新支持，促进公司开展更多的研发创新活动，会更多地关注创新项目的投入产出效益，不断提高投资水平和投资敏感性，更少地放弃高风险但预期净现值(NPV)为正的投资机会，提供更加优质的创新服务，通过合理竞争提高公司的创造实力，进一步激发企业家精神，从而促进双重股权结构对企业风险承担水平的提升作用。处于衰退期的企业，可能面临产品收益率低、制度流程僵化、市场占有率下降等一系列问题(张芳等，2024)，企业将面临更多的代理成本和融资约束，双重股权结构对企业风险承担水平的影响较小。

基于此，提出假设 2：

H2：企业的成熟期可以促进双重股权结构对企业风险承担水平的提升作用。

5.2　样本与数据

本书采取全样本法，通过 Wind 数据库选择了 2005—2020 年在美国上市的中概股民营企业。样本选择从 2005 年开始，是因为我国首家采用双重股权结构的中概股企业艺龙于 2004 年上市，但已于 2016 年退市，第二家公司百度于 2005 年在美上市。样本截至 2020 年上市的企业，是由于因变量企业风险承担的计算需要 5 年($T-3$ 年至 $T+1$ 年)或 6 年($T-3$ 年至 $T+2$ 年)窗口期数据。数据的观测年份为 2008—2022 年。对于样本公司需要手工收集的数据(如特殊表决权倍数)，通过查找美国证券交易委员会网站披露的招股说明书和年报进行手动计算和补充。然后对样本进行如下处理：① 剔除金融保险行业、港澳台地区的公司；② 剔除所用变量缺失值且无法补充的样本观测值；③ 主要连续变量进行了上下 1%的缩尾，并使用 Excel 和 Stata17 软件进行处理和分析。经过上述处理，最终得到 151 家样本公司，其中采用双重股权结构的企业有 58 家，共获得 732 个有效样本观测值。

5.3 变量定义

5.3.1 双重股权结构的衡量方法

参考现有文献(王烨等，2022；郑志刚等，2021)，拟利用两种方法来衡量双重股权结构：一是判断企业是否为双重股权结构企业；设置虚拟变量 Dual，若样本公司上市当年采用双重股权结构则赋值为 1，否则为 0；二是按照双重股权结构投票权和现金流权分离度(以变量 Wedge 表示)这一连续变量对样本进行回归分析，比较不同分离度对企业风险承担水平的影响。由于单一股权结构公司并没有发行不同投票权的股票(投票权系数为 1)，因此 Wedge 取 1。具体计算公式如下：

$$Wedge = \frac{投票权}{现金流权} \tag{5.1}$$

$$投票权 = \frac{\sum(持有的高倍投票权股份比例 \times 相应每股投票权系数)}{\sum(公司发行的各类股份比例 \times 相应每股投票权系数)} \tag{5.2}$$

$$现金流权 = \frac{\sum 持有的各类股份数量}{\sum 公司发行的各类股份数量} \tag{5.3}$$

5.3.2　企业风险承担水平的衡量方法

现有文献主要通过盈利波动性、股票收益波动性和负债比率来衡量企业风险承担水平(Boubakri et al.，2013；何威风等，2016；周泽将等，2019)，在具体计算 Risk 时，使用企业在观测时段内的 ROA(Return on Assets，资产收益率)波动程度来度量企业的风险承担水平，ROA 波动性越大，表明企业的风险承担水平越高。ROA 的计算是用息税前利润(EBIT)除以平均总资产(ASSET)。为缓解行业和周期影响，用每年行业均值对企业 ROA 进行调整得到 AdjROA，在 5 年($T-3$ 年至 $T+1$ 年)考察窗口期间内滚动计算 AdjROA 的标准差(T 是计算标准差的滚动周期)。具体计算公式如下：

$$\mathrm{Risk}_{i,t} = \sqrt{\frac{1}{T-1}\sum_{t=1}^{T}\left(\mathrm{AdjROA}_{i,t} - \frac{1}{T}\sum_{t=1}^{T}\mathrm{AdjROA}_{i,t}\right)^2}\Bigg|_{T=5} \tag{5.4}$$

$$\mathrm{AdjROA}_{i,t} = \frac{\mathrm{EBIT}_{i,t}}{\mathrm{ASSET}_{i,t}} - \frac{1}{X}\sum_{k=1}^{X}\frac{\mathrm{EBIT}_{i,t}}{\mathrm{ASSET}_{i,t}} \tag{5.5}$$

5.3.3　企业生命周期的衡量方法

本小节参照 Dickinson(2011)构造的现金流组合法，并借鉴张芳(2024)的做法，将企业生命周期按照经营活动现金流量、投资活动现金流量和筹资活动现金流量分为成长期、成熟期和衰退期。具体划分情况如表 5-1 所示。

表 5-1　企业生命周期划分

现金流	成长期		成熟期	衰退期				
	导入期	增长期	成熟期	淘汰期	淘汰期	淘汰期	衰退期	衰退期
经营活动现金流量净额	−	+	+	−	+	+	−	−
投资活动现金流量净额	−	−	−	−	+	+	+	+
筹资活动现金流量净额	+	+	−	−	+	−	+	−

5.3.4 控制变量

参考相关文献，除了控制年度(Year)和行业(Ind)外，选取企业规模(Size)、资产负债率(Lev)、流动比率(CR)、企业成长性(Growth)、营业现金流比率(NCFOR)、现金利润率(EBITDA)、营业利润同比增长率(YLTB)、经营亏损(Loss)、两职合一(Lz)、董事会规模(Bsize)、独立董事占比(Indr)、资本支出与折旧摊销比率(Capda)、留存收益率(RE)作为控制变量。

1. 企业规模(Size)

已有研究表明，企业规模与风险承担水平负相关，大企业的抗风险能力更强，因此盈利波动性较小(周泽将等，2018)。与大企业相比，小企业具有更强的风险偏好(余明桂等，2013)。本节选取的样本企业多为科技创新领域的民营企业，预期企业规模越小，风险承担水平越高。

2. 资产负债率(Lev)

企业资产负债率越高，代表其在融资上更多地采取债务融资方式，企业的资本成本也越大，潜在的破产成本也会增加(Meuleman and Maeseneire，2012)，这将增加企业的盈利波动性。因此，预期 Lev 与风险承担水平的回归系数符号为正。

3. 流动比率(CR)

流动比率代表了企业的现金变现能力。一般来说，流动比率越高，说明企业资产的变现能力越强，短期偿债能力亦越强，具有一定的风险承担能力。因此，预期 CR 越大，企业风险承担水平越高。

4. 企业成长性(Growth)

企业成长性表示营业收入的同比增长率。营业收入增长率越高，说明公司产品市场需求大，业务扩张能力强，风险承担水平相应也高。因此，预期 Growth 与风险承担水平的回归系数符号为正。

5. 营业现金流比率(NCFOR)

现金流也是影响企业风险承担水平的重要因素，采用营业现金流比率即经营活动现金流量净额与营业收入之比来衡量。

6. 现金利润率(EBITDA)

现金利润率反映了每单位营业总收入给企业带来的利息、税收和净利润以及收回的折旧和摊销费用。一些基础设施企业的折旧费用或摊销费用非常巨大，计算该指标考虑了企业应回收的固定资产折旧和无形资产摊销这些非付现成本。

7. 营业利润同比增长率(YLTB)

营业利润同比增长率越高，说明企业的盈利能力越强；反之，此比率越低，说明企业盈利能力越弱。

8. 经营亏损(Loss)

亏损企业的盈利波动性较大。

9. 两职合一(Lz)

根据董事长是否兼任总经理设置两职合一虚拟变量 Lz，董事长兼任总经理时取 1，否则为 0。董事长兼任总经理时，企业控制权相对更加集中，预期会提升企业风险承担水平。

10. 董事会规模(Bsize)

董事会规模越大，风险承担水平越低(周泽将等，2019)。董事会存在一定的内部治理作用，会制衡控股股东的权力，我们预期，较大的董事会规模会降低企业风险承担水平。

11. 独立董事占比(Indr)

独立董事占比即独立董事人数与董事会总人数的比值，该比值越大，董事会独立性越强，就越能有效行使权力监督管理层，提升企业的风险承担水平(翟胜宝等，2014)。因此，预期 Indr 与风险承担水平的回归系数符号为正。

12. 资本支出与折旧摊销比率(Capda)

资本支出表示购买资产的支出，折旧和摊销是相应资产的损耗，该指标体现了资本支出中折旧和摊销的占比。该比值越大，说明企业净经营资产增加越多。

13. 留存收益率(RE)

留存收益率即留存收益占平均总资产的比率。留存收益率越高，企业的股利支付水平越低。该变量反映企业的利润留存策略，一定程度上影响企业的风险承担水平。

以上各变量的定义如表 5-2 所示。

表 5-2　变 量 定 义

变量类型	变量名称	变量符号	变 量 含 义
被解释变量	企业风险承担水平	Risk	经过年度行业均值调整后的 ROA 标准差
解释变量	双重股权结构	Dual	若公司上市当年采用双重股权结构取值为 1，否则为 0
	两权分离度	Wedge	投票权和现金流权的比值
调节变量	企业生命周期	Cycle1	成长期
		Cycle2	成熟期
		Cycle3	衰退期
控制变量	企业规模	Size	总资产取对数
	资产负债率	Lev	$\dfrac{总负债}{总资产}$
	流动比率	CR	$\dfrac{流动资产}{流动负债}$
	企业成长性	Growth	$\dfrac{当年营业收入-上年营业收入}{上年营业收入}$
	营业现金流比率	NCFOR	$\dfrac{经营活动现金流量净额}{营业收入}$
	现金利润率	EBITDA	$\dfrac{息税折旧及摊销前收益}{营业总收入}$
	营业利润同比增长率	YLTB	$\dfrac{本年营业利润-上年营业利润}{上年营业利润}$

变量类型	变量名称	变量符号	变 量 含 义
控制变量	经营亏损	Loss	若公司当年净利润为负取 1，否则取 0
	两职合一	Lz	董事长兼任总经理取 1，否则取 0
	董事会规模	Bsize	董事会人数取自然对数
	独立董事占比	Indr	$\dfrac{独立董事人数}{董事会总人数}$
	资本支出与折旧摊销比率	Capda	$\dfrac{资本支出}{折旧和摊销}$
	留存收益率	RE	$\dfrac{留存收益}{平均总资产}$

5.4　模型构建

为了考察 H1 双重股权结构对企业风险承担水平的影响，构建了如下模型，对研究假设进行检验：

$$\text{Risk}_{i,t} = \alpha_0 + \alpha_1 \text{Dual}_{i,t} + \alpha_2 \text{control}_{i,t} + \sum_t \text{Year}_t + \sum_j \text{Ind}_j + \varepsilon_{i,t} \tag{5.6}$$

$$\text{Risk}_{i,t} = \beta_0 + \beta_1 \text{Wedge}_{i,t} + \beta_2 \text{control}_{i,t} + \sum_t \text{Year}_t + \sum_j \text{Ind}_j + \varepsilon_{i,t} \tag{5.7}$$

其中，i 表示上市公司，t 表示年份。因变量 $\text{Risk}_{i,t}$ 是企业风险承担水平代理指标。自变量 $\text{Dual}_{i,t}$、$\text{Wedge}_{i,t}$ 分别表示企业是否实施双重股权结构、投票权和现金流权分离度。研

究自变量 α_1 和 β_1 的正负及显著性水平，预期 α_1 和 β_1 的符号为正，即采用双重股权结构以及提高投票权和现金流权分离度会提升企业风险承担水平。

为检验 H2 的调节效应，构建如下模型：

$$\text{Risk}_{i,t} = \alpha_0 + \alpha_1 \text{Dual}_{i,t} + \alpha_2 \text{cycle}_{i,t} + \alpha_3 \text{Dual}_{i,t} \times \text{cycle}_{i,t} + \alpha_4 \text{control}_{i,t} + \sum_t \text{Year}_t + \sum_j \text{Ind}_j + \varepsilon_{i,t} \tag{5.8}$$

$$\text{Risk}_{i,t} = \beta_0 + \beta_1 \text{Wedge}_{i,t} + \beta_2 \text{cycle}_{i,t} + \beta_3 \text{Wedge}_{i,t} \times \text{cycle}_{i,t} + \beta_4 \text{control}_{i,t} + \sum_t \text{Year}_t + \sum_j \text{Ind}_j + \varepsilon_{i,t} \tag{5.9}$$

其中，cycle 为企业生命周期，按照现金流量净额的特征划分为成长期、成熟期和衰退期，分别用 cycle1、cycle2、cycle3 表示。以生命周期为调节变量构建了调节效应模型。若 $\text{Dual}_{i,t} \times \text{cycle}_{i,t}$ 和 $\text{Wedge}_{i,t} \times \text{cycle}_{i,t}$ 的回归系数显著为正，则表明生命周期的某一阶段可以显著提升双重股权结构对企业风险承担的提升作用。

5.5　实　证　分　析

5.5.1　描述性统计分析

表 5-3 是各变量的描述性统计结果。经过分析发现：企业风险承担水平 Risk 的均值为 16.27，最大值为 137.62，最小值为 0，说明企业风险承担水平存在较大差距。Dual 的均值为 0.29，说明中概股民营企业中有 29% 的企业采用了双重股权结构。投票权和现金流权分离度 Wedge 的均值为 1.52，最大值为 7.02，最小值为 1，说明企业的投票权和现金流权分离度存在差异。资产负债率(Lev)均值为 0.48，最大值为 2.27，最小值为 0.04，说明企业均存在负债经营的情况，最大的负债率高达 227%。企业规模(Size)均值为 21.71，最大值为 26.62，最小值为 17.38，这是取自然对数后的值，表明企业之间的规模差异较大。两职合一(Lz)的均值为 0.67，说明有 67% 的企业存在两职合一的情况。经营亏损(Loss)的均值为 0.51，说明 51% 的企业存在亏损的情况。

表 5-3　全样本描述性统计

变量	count	mean	sd	min	p50	max
Risk	732	16.27	14.76	0.00	12.44	137.62
Dual	732	0.29	0.45	0.00	0.00	1.00
Wedge	732	1.52	1.09	1.00	1.00	7.02
Lev	732	0.48	0.32	0.04	0.43	2.27
CR	732	2.71	3.15	0.21	1.75	19.18
Size	732	21.71	1.84	17.38	21.58	26.62
Lz	732	0.67	0.47	0.00	1.00	1.00
Bsize	732	1.82	0.28	0.69	1.79	2.48
Indr	732	0.55	0.15	0.17	0.57	1.00
Growth	732	0.36	1.44	−0.94	0.11	10.14
NCFOR	732	−0.34	2.45	−28.38	0.05	0.77
EBITDA	732	−0.61	3.46	−35.21	0.05	0.75
YLTB	732	−0.93	5.54	−39.90	−0.01	9.09
Loss	732	0.51	0.50	0.00	1.00	1.00
Capda	732	1.99	2.91	0.00	1.08	19.54
RE	732	−1.93	10.67	−75.93	0.08	34.13

5.5.2　相关性分析

为初步研究各变量之间的相关性，对各变量进行相关性分析，检验它们之间的多重共线性问题。

从表 5-4 中可以看出，投票权和现金流权分离度与是否实施双重股权结构显著正相关，表明采用双重股权结构的公司均存在不同的高倍投票表决权。公司规模、两职合一与企业风险承担水平显著负相关，表明当企业规模越大，存在两职合一时，企业风险承担水平越低。资产负债率与企业风险承担水平正相关，表明资产负债率越高，企业风险承担水平越高。

表 5-4　各变量 Pearson 相关系数

	Risk	Dual	Wedge	Lev	CR	Size	Lz	Bsize	Indr	Growth	NCFOR	EBITDA	YLTB	Loss	Capda	RE
Risk	1.000															
Dual	-0.034	1.000														
	(0.234)															
Wedge	-0.043	0.678***	1.000													
	(0.125)	(0.000)														
Lev	0.351***	0.055**	-0.018	1.000												
	(0.000)	(0.048)	(0.533)													
CR	-0.018	-0.057**	-0.011	-0.147***	1.000											
	(0.525)	(0.046)	(0.688)	(0.000)												
Size	-0.284***	0.290***	0.261***	-0.128***	-0.056**	1.000										
	(0.000)	(0.000)	(0.000)	(0.000)	(0.050)											
Lz	-0.056*	0.050*	0.096***	-0.030	-0.038	-0.123***	1.000									
	(0.064)	(0.097)	(0.001)	(0.317)	(0.209)	(0.000)										
Bsize	-0.022	0.038	0.129***	-0.040	-0.032	0.332***	-0.245***	1.000								
	(0.444)	(0.177)	(0.000)	(0.162)	(0.269)	(0.000)	(0.000)									
Indr	-0.041	-0.144***	-0.070**	-0.054*	0.052*	-0.067**	0.162***	-0.311***	1.000							
	(0.161)	(0.000)	(0.015)	(0.063)	(0.077)	(0.020)	(0.000)	(0.000)	(0.000)							

续表

	Risk	Dual	Wedge	Lev	CR	Size	Lz	Bsize	Indr	Growth	NCFOR	EBITDA	YLTB	Loss	Capda	RE
Growth	0.032	-0.021	-0.014	0.005	-0.010	0.008	-0.047	0.020	0.020	1.000						
	(0.288)	(0.491)	(0.636)	(0.873)	(0.743)	(0.797)	(0.151)	(0.517)	(0.515)							
NCFOR	-0.128***	0.046	0.031	-0.015	-0.041	0.071**	-0.032	0.001	-0.026	0.002	1.000					
	(0.000)	(0.105)	(0.268)	(0.604)	(0.151)	(0.012)	(0.290)	(0.959)	(0.373)	(0.944)						
EBITDA	-0.195***	0.044	0.031	-0.018	-0.034	0.068**	-0.023	-0.000	-0.024	0.004	0.968***	1.000				
	(0.000)	(0.132)	(0.289)	(0.534)	(0.242)	(0.018)	(0.460)	(0.990)	(0.425)	(0.899)	(0.000)					
YLTB	-0.045	-0.025	-0.002	-0.005	0.020	0.040	-0.048	0.047*	-0.016	0.003	-0.001	0.001	1.000			
	(0.111)	(0.375)	(0.952)	(0.854)	(0.486)	(0.158)	(0.114)	(0.097)	(0.583)	(0.917)	(0.986)	(0.981)				
Loss	0.135***	0.062**	0.110***	0.106***	-0.077***	-0.253***	0.031	-0.041	0.026	-0.032	-0.055*	-0.068**	-0.123***	1.000		
	(0.000)	(0.026)	(0.000)	(0.000)	(0.007)	(0.000)	(0.307)	(0.143)	(0.366)	(0.293)	(0.052)	(0.019)	(0.000)			
Capda	0.081***	-0.023	-0.020	-0.101***	0.087***	-0.029	0.032	-0.063**	0.083***	0.000	-0.044	-0.033	0.022	-0.092***	1.000	
	(0.005)	(0.431)	(0.485)	(0.000)	(0.003)	(0.311)	(0.299)	(0.031)	(0.005)	(0.992)	(0.131)	(0.259)	(0.454)	(0.001)		
RE	0.015	0.011	0.009	-0.007	0.014	0.002	-0.023	-0.004	-0.020	0.001	-0.111***	-0.124***	0.000	-0.024	0.011	1.000
	(0.592)	(0.696)	(0.751)	(0.817)	(0.631)	(0.930)	(0.447)	(0.894)	(0.489)	(0.964)	(0.000)	(0.000)	(0.997)	(0.395)	(0.707)	

由于相关性分析仅能单独分析各变量之间的相关系数，在加入控制变量时，结果不一定准确，因此需要进一步对主要变量进行多元回归分析。

5.5.3　多元回归分析

表 5-5 列示了模型(5.6)和(5.7)的多元回归结果，在控制了其他相关变量、年度及行业固定效应的基础上，Dual 和 Wedge 的系数分别为 4.516 和 1.329，均在 1%水平上显著为正，表明采用双重股权结构以及投票权和现金流权分离度大会显著提升企业风险承担水平，并且投票权和现金流权分离度越大，企业风险承担水平越高。验证了假设 H1a。

观察控制变量的回归结果，企业规模(Size)与风险承担水平(Risk)在 1%的水平上显著负相关，说明大企业的抗风险能力更强，盈利波动性较低。与大企业相比，小企业具有更强的风险偏好，盈利波动性较高。资产负债率(Lev)与风险承担水平(Risk)的回归系数在 1%的水平上显著为正，说明企业资产负债率越高，其负债越多，潜在破产成本越高，盈利波动性越大。两职合一(Lz)与企业风险承担水平在 10%水平上显著为正，说明董事长兼任总经理会提升企业风险承担水平。企业成长性(Growth)与企业风险承担水平在 1%水平上显著正相关，现金利润率(EBITDA)与企业风险承担水平均在 1%水平上负相关。

表 5-5　双重股权结构对企业风险承担的影响分析

变　量	(1)	(2)
	Risk	Risk
Dual	4.516***	
	(3.94)	
Wedge		1.329***
		(2.88)
Lev	5.800***	7.015***
	(3.22)	(3.90)
CR	0.171	0.215
	(0.95)	(1.19)

续表一

变　量	(1)	(2)
	Risk	Risk
Size	−2.828*** (−9.08)	−2.700*** (−8.71)
Lz	−0.719 (−0.68)	−0.917 (−0.85)
Bsize	2.578 (1.38)	1.551 (0.83)
Indr	−5.652* (−1.70)	−7.118** (−2.15)
Growth	2.840*** (8.71)	2.828*** (8.63)
NCFOR	0.000 (0.01)	0.000 (0.08)
EBITDA	−0.008*** (−3.00)	−0.008*** (−2.98)
YLTB	−0.003*** (−3.05)	−0.003*** (−3.00)
Loss	−1.050 (−0.96)	−1.314 (−1.18)
Capda	0.033 (0.20)	0.062 (0.36)
RE	−0.028 (−0.62)	−0.033 (−0.75)
Constant	45.990*** (4.60)	44.011*** (4.38)

续表二

变　量	(1)	(2)
	Risk	Risk
Observations	732	732
R-squared	0.346	0.340
Year/Ind	YES	YES
Adj.R^2	0.313	0.306
F	10.24	9.936

5.6　稳健性检验

5.6.1　替换被解释变量

为了保证回归模型的稳健性和结论的可靠性，进行被解释变量的替换，如表 5-6 所示，企业风险承担水平的替换衡量指标为 Risk1 和 Risk2。Risk1 和 Risk2 分别是在前 2 年、后 2 年共 5 年观测时段和前 3 年、后 2 年共 6 年观测时段内进行滚动计算得出的。回归结果显示，替换被解释变量后，Dual 的系数分别为 2.890 和 5.312，在 5% 和 1% 显著性水平显著。Wedge 的系数为 1.166 和 1.193，在 5% 显著性水平显著。

$$\text{Risk}_{i,t} = \sqrt{\frac{1}{T-1}\sum_{t=1}^{T}\left(\text{AdjROA}_{i,t} - \frac{1}{T}\sum_{t=1}^{T}\text{AdjROA}_{i,t}\right)^2}\Bigg|_{T=5}$$

$$\text{Risk2}_{i,t} = \sqrt{\frac{1}{T-1}\sum_{t=1}^{T}\left(\text{AdjROA}_{i,t} - \frac{1}{T}\sum_{t=1}^{T}\text{AdjROA}_{i,t}\right)^2}\Bigg|_{T=6}$$

表 5-6　替换被解释变量稳健性检验

变　量	(1)	(2)	(3)	(4)
	Risk1	Risk1	Risk2	Risk2
Dual	2.890**		5.312***	
	(2.38)		(3.87)	
Wedge		1.166**		1.193**
		(2.31)		(2.08)
Lev	7.006***	7.822***	6.898***	8.107***
	(3.63)	(4.06)	(3.17)	(3.70)
CR	0.226	0.248	0.311	0.367*
	(1.30)	(1.44)	(1.55)	(1.82)
Size	−2.761***	−2.743***	−2.852***	−2.641***
	(−8.29)	(−8.27)	(−7.62)	(−7.03)
Lz	0.098	−0.148	−0.555	−0.698
	(0.09)	(−0.13)	(−0.44)	(−0.55)
Bsize	4.966**	4.243**	5.504**	4.340*
	(2.52)	(2.16)	(2.48)	(1.95)
Indr	−3.394	−4.242	−5.594	−7.077*
	(−1.00)	(−1.25)	(−1.45)	(−1.83)
Growth	0.620***	0.615***	0.775***	0.762***
	(3.78)	(3.75)	(4.22)	(4.11)
NCFOR	−0.008*	−0.008*	−0.010**	−0.009*
	(−1.76)	(−1.72)	(−2.02)	(−1.91)
EBITDA	−0.003	−0.003	−0.003	−0.003
	(−1.09)	(−1.09)	(−1.18)	(−1.18)

续表

变　量	(1)	(2)	(3)	(4)
	Risk1	Risk1	Risk2	Risk2
YLTB	−0.003***	−0.003***	−0.003**	−0.002**
	(−3.56)	(−3.49)	(−2.52)	(−2.30)
Loss	−0.637	−0.932	−0.809	−0.958
	(−0.57)	(−0.82)	(−0.64)	(−0.74)
Capda	−0.103	−0.089	0.068	0.094
	(−0.62)	(−0.53)	(0.35)	(0.48)
RE	0.010	0.005	−0.004	−0.014
	(0.21)	(0.11)	(−0.07)	(−0.27)
Constant	38.288***	38.103***	40.161***	36.662***
	(3.63)	(3.62)	(3.43)	(3.10)
Observations	619	619	614	614
R-squared	0.318	0.318	0.309	0.296
Year/Ind	YES	YES	YES	YES
Adj.R^2	0.276	0.276	0.267	0.253
F	7.551	7.539	7.376	6.947

5.6.2　替换自变量

以双重股权结构公司实际控制人的投票权与现金流权之差来衡量两权分离程度(记为 Wedge)，并利用模型(5.7)进行回归，如表 5-7 所示，结果显示 Wedge 的估计系数为 9.767，在 1%的显著性水平显著。

$$Wedge = 投票权 - 现金流权$$

表 5-7　替换自变量稳健性检验

变　量	(1)
	Risk
Wedge	9.767***
	(3.71)
Lev	6.642***
	(3.71)
CR	0.176
	(0.98)
Size	−2.870***
	(−9.05)
Lz	−0.899
	(−0.84)
Bsize	2.212
	(1.19)
Indr	−6.269*
	(−1.89)
Growth	2.822***
	(8.65)
NCFOR	0.000
	(0.02)
EBITDA	−0.008***
	(−2.98)
YLTB	−0.003***
	(−2.97)

续表

变量	(1)
	Risk
Loss	−1.404
	(−1.27)
Capda	0.037
	(0.22)
RE	−0.031
	(−0.71)
Constant	47.783***
	(4.72)
Observations	732
R-squared	0.345
Year/Ind	YES
Adj.R^2	0.311
F	10.16

5.6.3　倾向得分匹配(PSM)

为降低实施双重股权结构和没有实施双重股权结构的公司之间的特征差异影响，对两类公司进行了倾向得分匹配(Propensity Score Matching，PSM)。

基于企业规模(Size)、资产负债率(Lev)、流动比率(CR)、两职合一(Lz)、董事会规模(Bsize)、独立董事占比(Indr)、企业成长性(Growth)、营业现金流比率(NCFOR)、现金利润率(EBITDA)、营业利润同比增长率(YLTB)、资本支出与折旧摊销比率(Capda)、经营亏损(Loss)、留存收益率(RE)选取了与企业是否实施双重股权结构相关的变量进行倾向得分匹配。

先用 Logit 回归模型进行倾向得分估计，选用半径匹配法按照 1∶3 进行邻近匹配，对企业是否实施双重股权结构进行配对，减少估计结果的有偏性。通过平衡性假设进行匹配效果检验，平衡性假设要求匹配完成之后，处理组和控制组各匹配变量之间无显著差异。由表 5-8 可知，匹配后各个变量标准差的绝对值都控制在 10%以内，并且匹配后变量的标准差显著减少，其中企业规模减小了 89.5%，资产负债率减少了 69.9%，企业成长性减少了 99.6%，营业利润同比增长率减少了 53.2%，独立董事占比减少了 81.1%，基本通过平衡性假设检验。

通过 PSM 后最终参与回归样本为 500 个。表 5-8 是配对后样本进行回归检验的结果。从表中可以看出双重股权以及投票权和现金流权分离度对企业风险承担水平的影响。Dual 和 Wedge 的系数均在 1%的显著性水平正向显著，与前文一致，研究结论具有较好的稳健性。

表 5-8　倾向得分匹配(PSM)

Panel A： First Stage				
变量	Dual			
	Logit 回归		Balance 检验	
	系数	Z 值	匹配后标准差/%	标准差减少
Lev	0.872	3.85	−8.3	69.9
Size	0.442	1.01	1.4	89.5
Lz	0.334	1.82	2.5	67.6
Bsize	−0.849	−2.70	−9.5	−437
Growth	−0.023	−0.70	0.0	99.6
Indr	−1.566	−2.76	2.5	81.1
YLTB	−0.000	−0.17	1.4	53.2
NCFOR	0.000	0.17	−3.5	79.7
CR	0.019	1.01	1.4	89.5
EBITDA	0.000	0.70	−0.6	97.1
Loss	0.594	3.22	−0.8	82.9

续表一

变量	Dual			
	Logit 回归		Balance 检验	
	系数	Z 值	匹配后标准差/%	标准差减少
Capda	0.013	0.56	−3.7	1.7
RE	0.000	0.50	0.1	99.0
N	843		500	
Pseudo R^2	0.1142		0.2878	

Panel B：　Second Stage

变量	(1)	(2)
	Risk	Risk
Dual	5.455***	
	(4.44)	
Wedge		1.611***
		(3.30)
Lev	6.078***	6.936***
	(3.70)	(4.15)
CR	0.164	0.172
	(1.38)	(1.44)
Size	−2.394***	−2.360***
	(−6.12)	(−5.97)
Lz	−1.230	−1.718
	(−0.94)	(−1.29)
Bsize	−1.208	−2.589
	(−0.55)	(−1.16)
Indr	−3.803	−5.280
	(−0.96)	(−1.31)

续表二

变量	(1)	(2)
	Risk	Risk
Growth	2.504***	2.490***
	(5.23)	(5.15)
NCFOR	−0.004	−0.005
	(−0.48)	(−0.60)
EBITDA	−0.004	−0.004
	(−0.82)	(−0.85)
YLTB	−0.000*	−0.000*
	(−1.89)	(−1.96)
Loss	−1.134	−1.886
	(−0.83)	(−1.37)
Capda	−0.319*	−0.266
	(−1.87)	(−1.55)
RE	−0.016	−0.017
	(−0.87)	(−0.95)
Constant	47.629***	48.181***
	(3.01)	(3.01)
Observations	500	500
R-squared	0.288	0.274
Year/Ind	YES	YES
Adj.R^2	0.232	0.218
F	5.198	4.866

5.7　企业生命周期的调节效应

为了验证 H2，检验不同生命周期在双重股权结构与企业风险承担水平之间的调节效应。对前文模型(5.8)和(5.9)进行普通最小二乘法(OLS)回归，回归结果如表 5-9 所示。在表 5-9 中，Dual × cycle2 和 Wedge × cycle2 的回归系数在 5%和 1%的水平上显著为正，说明企业的成熟期可以显著促进双重股权结构对企业风险承担水平的提升作用，具体来说，成熟期可以显著促进投票权和现金流权分离度对企业风险承担水平的提升作用，而成长期和衰退期对双重股权结构提升企业风险承担水平没有显著影响。

表 5-9　企业生命周期的调节效应

变量	(1) Risk	(2) Risk	(3) Risk	(4) Risk	(5) Risk	(6) Risk
Dual × cycle1	−0.920 (−0.45)					
Wedge × cycle1		−1.096 (−1.21)				
Dual × cycle2			**5.679**** **(2.06)**			
Wedge × cycle2				**5.696***** **(3.17)**		
Dual × cycle3					−2.681 (−1.18)	
Wedge × cycle3						−0.917 (−0.97)
Dual	5.086***		3.556***		5.537***	
Wedge	(3.30)	1.889*** (3.16)	(2.92)	0.985** (2.11)	(4.13)	1.808*** (3.06)

续表一

变量	(1) Risk	(2) Risk	(3) Risk	(4) Risk	(5) Risk	(6) Risk
cycle1	1.487	2.784*				
	(1.31)	(1.67)				
cycle2			−1.919	−7.987***		
			(−1.45)	(−3.10)		
cycle3					−0.182	0.514
					(−0.13)	(0.27)
Lev	6.284***	7.682***	6.429***	7.596***	6.552***	7.621***
	(3.54)	(4.33)	(3.63)	(4.31)	(3.69)	(4.29)
CR	0.250	0.303*	0.236	0.263	0.234	0.276
	(1.38)	(1.68)	(1.31)	(1.47)	(1.29)	(1.52)
Size	−2.811***	−2.615***	−2.757***	−2.675***	−2.864***	−2.770***
	(−9.10)	(−8.34)	(−9.01)	(−8.83)	(−9.21)	(−8.83)
Lz	−0.453	−0.676	−0.570	−0.838	−0.477	−0.694
	(−0.43)	(−0.64)	(−0.55)	(−0.79)	(−0.46)	(−0.65)
Bsize	2.618	1.385	2.444	1.440	2.670	1.700
	(1.42)	(0.75)	(1.33)	(0.79)	(1.45)	(0.92)
Indr	−5.228	−6.548**	−5.233	−6.667**	−5.716*	−7.086**
	(−1.60)	(−2.00)	(−1.61)	(−2.06)	(−1.75)	(−2.17)
Growth	2.328***	2.317***	2.343***	2.334***	2.331***	2.328***
	(8.05)	(7.98)	(8.15)	(8.12)	(8.06)	(8.01)
NCFOR	−0.000	0.000	0.000	0.001	−0.000	0.000
	(−0.04)	(0.01)	(0.09)	(0.16)	(−0.04)	(0.03)
EBITDA	−0.007***	−0.007***	−0.008***	−0.008***	−0.008***	−0.008***
	(−2.91)	(−2.89)	(−3.04)	(−3.04)	(−2.90)	(−2.89)

变量	(1)	(2)	(3)	(4)	(5)	(6)
	Risk	Risk	Risk	Risk	Risk	Risk
YLTB	−0.003***	−0.003***	−0.003***	−0.003***	−0.003***	−0.003***
	(−3.00)	(−2.96)	(−2.86)	(−2.86)	(−2.99)	(−2.96)
Loss	−1.219	−1.470	−1.175	−1.393	−1.097	−1.467
	(−1.13)	(−1.34)	(−1.08)	(−1.27)	(−1.01)	(−1.33)
Capda	0.022	0.050	0.039	0.070	0.054	0.084
	(0.13)	(0.30)	(0.24)	(0.43)	(0.33)	(0.51)
RE	−0.029	−0.036	−0.032	−0.038	−0.031	−0.036
	(−0.61)	(−0.77)	(−0.69)	(−0.81)	(−0.65)	(−0.76)
Constant	44.322***	40.488***	44.174***	42.831***	46.040***	44.238***
	(4.48)	(4.02)	(4.50)	(4.38)	(4.67)	(4.47)
Observations	723	723	723	723	723	723
R-squared	0.354	0.348	0.356	0.355	0.354	0.347
Year/Ind	YES	YES	YES	YES	YES	YES
Adj.R^2	0.318	0.312	0.320	0.320	0.318	0.311
F	9.847	9.620	9.959	9.923	9.869	9.571

第六章
作用机制的实证检验

6.1 代理成本的作用机制检验

双重股权结构可以显著提升企业风险承担水平。投票权和现金流权的分离，赋予了创始股东等内部股东更多的自主决策权和更强的战略眼光。基于此，探讨双重股权结构通过何种渠道影响企业风险承担水平。根据委托代理链条，双重股权结构企业内部存在两类委托代理关系：一是创始股东与中小股东之间，二是管理者与中小股东之间。当存在较高的代理成本时，股东通常表现出强烈的监督意愿和风险规避倾向，倾向于拒绝投资高风险项目。这种过度监督导致管理层的保守短视，从而抑制企业的风险承担水平(韩贺洋等，2024)。而双重股权结构企业的创始人股东可以凭借稳定的控制权进行"激励赋能"和"自我约束"，并且不受制于外部股东"急功近利"的干扰，从而在整体上降低企业的代理成本，在一定程度上提升企业的风险承担水平。另外，双重股权结构能够激发外部利益相关者的监督作用，强化企业的信息传递机制，并通过声誉机制对企业控制权私利行为进行约束，减少机会主义行为，进一步降低代理成本。此外，双重股权结构企业的创始人团队更容易发扬企业家精神，进行专有性资本投入，与对企业怀有的强烈心理所有权相辅相成，从而提升企业风险承担水平。

采用逐步回归法(温忠麟、叶宝娟，2014)进行检验，同时采用 Sobel 法和 Bootstrap 法进行验证，本部分构建模型如下：

$$\text{TO}_{i,t} = \gamma_0 + \gamma_1 \frac{\text{Dual}_{i,t}}{\text{Wedge}} + \gamma_2 \text{control}_{i,t} + \varepsilon_{i,t} \tag{6.1}$$

$$\text{Risk}_{i,t} = \delta_0 + \delta_1 \frac{\text{Dual}_{i,t}}{\text{Wedge}} + \delta_2 \text{TO}_{i,t} + \delta_3 \text{control}_{i,t} + \varepsilon_{i,t} \tag{6.2}$$

委托代理成本借鉴王亮亮等(2021)的做法采用总资产周转率(TO)来衡量，用营业收入/总资产表示。代理成本的作用机制检验如表 6-1 所示。列(1)、(2)结果显示 Dual 和 Wedge 的估计系数显著为正，可见，双重股权结构会增加企业的总资产周转率，并且投票权和现金流权分离度越大，总资产周转率越大，即企业的委托代理成本越小。为进一步检验 TO 的作用机制，加入 TO 后如列(3)、(4)所示，结果显示 Dual 和 Wedge 的估计系数分别由4.516、1.329 下降到 4.236、1.148，同时 TO 的系数显著为正。因此双重股权结构企业可以通过缓解企业的代理成本来提升企业风险承担水平。

表 6-1　代理成本的作用机制检验

变量	(1)	(2)	(3)	(4)
	TO	Risk	TO	Risk
TO		2.564***		2.541***
		(3.17)		(3.11)
Dual	0.109**	4.236***		
	(2.05)	(3.71)		
Wedge			0.071***	1.148**
			(3.34)	(2.49)
Lev	0.225***	5.223***	0.263***	6.346***
	(2.68)	(2.90)	(3.17)	(3.52)
CR	−0.019**	0.220	−0.019**	0.262
	(−2.26)	(1.23)	(−2.25)	(1.46)
Size	−0.015	−2.788***	−0.019	−2.652***
	(−1.06)	(−9.00)	(−1.31)	(−8.60)
Lz	0.125**	−1.041	0.107**	−1.188
	(2.53)	(−0.98)	(2.15)	(−1.11)
Bsize	0.301***	1.806	0.269***	0.867
	(3.46)	(0.97)	(3.12)	(0.46)
Indr	−0.438***	−4.530	−0.478***	−5.905*
	(−2.83)	(−1.37)	(−3.12)	(−1.78)
Growth	0.108***	2.563***	0.108***	2.553***
	(7.12)	(7.64)	(7.16)	(7.57)

变量	(1)	(2)	(3)	(4)
	TO	Risk	TO	Risk
NCFOR	0.000 (1.10)	−0.000 (−0.12)	0.000 (1.12)	−0.000 (−0.05)
EBITDA	0.000 (1.06)	−0.008*** (−3.14)	0.000 (1.07)	−0.008*** (−3.12)
YLTB	−0.000 (−0.76)	−0.003*** (−2.98)	−0.000 (−0.81)	−0.003*** (−2.92)
Loss	−0.121** (−2.38)	−0.739 (−0.68)	−0.143*** (−2.78)	−0.951 (−0.85)
Capda	0.011 (1.34)	0.006 (0.03)	0.012 (1.48)	0.032 (0.19)
RE	0.001 (0.46)	−0.030 (−0.68)	0.001 (0.41)	−0.036 (−0.80)
Constant	0.576 (1.23)	44.513*** (4.47)	0.654 (1.41)	42.348*** (4.24)
Observations	732	732	732	732
R-squared	0.239	0.356	0.246	0.349
Year/Ind	YES	YES	YES	YES
Adj.R2	0.200	0.322	0.207	0.314
F	6.061	10.36	6.313	10.05
Sober Z	1.788		2.005	
Sober Z-p 值	0.074		0.045	
Goodman Z	1.861		2.057	
Goodman Z-p 值	0.063		0.040	
中介效应占比	0.043		0.082	

6.2　信息质量的作用机制检验

　　会计信息具有定价治理和服务投资者的功能，是稳定资本市场的重要因素(汤泰劼等，2021)。财务报告是会计信息的重要载体。为了向外界投资者等利益相关者展现企业所预期的会计信息，最常见的方式就是运用会计政策对财务报告进行盈余管理(游家兴等，2007)，也是管理层为实现个人利益最大化而采取的行为，盈余管理会影响企业的信息透明度。企业信息透明度的提高，能够抑制管理层的机会主义行为。双重股权结构作为一种新兴的公司治理模式，可以吸引大量外界媒体的关注，从而强化市场的信息传递机制，减少企业的信息不对称现象(胡丹等，2022)，减少融资约束，降低企业对盈余管理的需求。

　　增加信息透明度有助于防止和发现盈余操控行为，提高公司治理水平，降低资本成本。提高企业信息透明度的益处具体表现在：可以减少不同投资者之间的信息不对称，吸引更多的潜在投资者，增强股票的流动性，降低股权融资成本(Diamond and Verrecchia，1991；Kim and Verrecchia，2001)；有利于通过降低外部投资者对未来收益的风险水平的预测来降低再融资成本(Handa and Linn，1993；Coles 等，1995)；有助于提高资本市场的效率和表现，例如，Schrand 和 Verrecchia(2005)发现增加信息披露会减少 IPO 折价现象。因此，双重股权结构可以通过减少企业盈余管理来增加企业的信息透明度，从而提升企业风险承担水平。

　　借鉴游家兴等人(2007)的研究方法，用盈余平滑度(Es)作为盈余管理替代变量，Es 的数值越大，说明盈余平滑度越高，盈余管理越严格，企业会计信息的不透明程度越高。

$$\text{Es} = \frac{公司前三年和当年滚动计算经营活动现金净流量与当年年初总资产之比的标准差}{公司前三年和当年滚动计算净利润与当年年初总资产之比的标准差}$$

　　采用逐步回归法(温忠麟、叶宝娟，2014)进行中介效应检验，同时采用 Sobel 法和 Bootstrap 法进行验证，本部分构建模型如下：

$$\text{Es}_{i,t} = \eta_0 + \eta_1 \frac{\text{Dual}_{i,t}}{\text{Wedge}_{i,t}} + \eta_2 \text{control}_{i,t} + \sum_t \text{Year}_t + \sum_j \text{Ind}_j + \varepsilon_{i,t} \tag{6.3}$$

$$Risk_{i,t} = \theta_0 + \theta_1 \frac{Dual_{i,t}}{Wedge_{i,t}} + \theta_2 Es_{i,t} + \theta_3 control_{i,t} + \varepsilon_{i,t} \tag{6.4}$$

盈余管理的作用机制检验如表 6-2 所示。列(1)、(3)结果显示 Dual 和 Wedge 的估计系数显著为正，可见，双重股权结构会降低企业的盈余平滑度，减少企业盈余管理，增加企业的信息透明度，并且投票权和现金流权分离度越大，盈余平滑度越小，即企业盈余管理越少，信息透明度越高。为进一步检验 Es 的作用机制，加入 Es 后如列(2)、(4)所示，结果显示 Dual 和 Wedge 的估计系数分别由 4.516、1.329 下降到 3.857、1.100，同时 Es 的系数显著为负。因此双重股权结构企业可以通过降低企业的盈余管理水平来提升企业风险承担水平。

表 6-2　盈余管理的作用机制检验

变　量	(1)	(2)	(3)	(4)
	Es	Risk	Es	Risk
Dual	−0.643***	3.857***		
	(−4.07)	(3.34)		
Wedge			−0.230***	1.100**
			(−3.64)	(2.38)
Es		−0.946***		−0.996***
		(−3.45)		(−3.62)
Lev	0.132	5.964***	−0.050	6.996***
	(0.53)	(3.33)	(−0.20)	(3.91)
CR	0.036	0.207	0.031	0.247
	(1.46)	(1.16)	(1.25)	(1.38)
Size	0.169***	−2.691***	0.158***	−2.573***
	(3.93)	(−8.58)	(3.71)	(−8.27)
Lz	0.331**	−0.531	0.375**	−0.683
	(2.25)	(−0.50)	(2.52)	(−0.63)
Bsize	0.097	2.594	0.252	1.729
	(0.38)	(1.39)	(0.98)	(0.93)

续表一

变 量	(1)	(2)	(3)	(4)
	Es	Risk	Es	Risk
Indr	0.006 (0.01)	−5.471* (−1.65)	0.217 (0.47)	−6.694** (−2.02)
Growth	−0.010 (−0.21)	2.827*** (8.73)	−0.008 (−0.18)	2.816*** (8.66)
NCFOR	−0.000 (−0.66)	−0.000 (−0.09)	−0.000 (−0.72)	−0.000 (−0.04)
EBITDA	0.000 (0.99)	−0.007*** (−2.85)	0.000 (0.99)	−0.007*** (−2.83)
YLTB	0.000 (1.13)	−0.003*** (−2.94)	0.000 (1.11)	−0.002*** (−2.89)
Loss	−0.329** (−2.18)	−1.477 (−1.35)	−0.274* (−1.79)	−1.717 (−1.55)
Capda	0.000 (0.01)	0.031 (0.19)	−0.004 (−0.18)	0.055 (0.33)
RE	0.003 (0.55)	−0.024 (−0.54)	0.004 (0.68)	−0.029 (−0.65)
Constant	−2.432* (−1.73)	43.090*** (4.24)	−2.286 (−1.63)	41.228*** (4.05)
Observations	728	728	728	728
R-squared	0.134	0.359	0.130	0.354
Year/Ind	YES	YES	YES	YES

变　量	(1)	(2)	(3)	(4)
	Es	Risk	Es	Risk
Adj.R2	0.0885	0.324	0.0843	0.319
F	2.961	10.44	2.858	10.21
Sober Z	2.722		2.674	
Sober $Z-p$ 值	0.006		0.008	
Goodman Z	2.769		2.720	
Goodman $Z-p$ 值	0.006		0.007	
中介效应占比	0.098		0.132	

6.3　研发投入的作用机制检验

创新是一种资源消耗性活动，具有较高的不确定性和失败风险。因此，创新活动的开展需要管理层进行一定的战略谋划，并具备一定的失败容忍度。如果管理层具有强烈的创新意识和动力，就会加大研发投入，促进知识共享与资源协同，推动交叉融合与推陈出新，从而提升企业风险承担水平(何瑛等，2019)。在双重股权结构下，投票权和现金流权的分离赋予了管理层绝对的控制权，使其更愿意为企业寻求更多的发展机会。凭借自身的识别能力、资源整合能力以及跨界能力等管理技能，管理层能发现并利用企业稀缺性投资机会，发扬勇于创新的企业家精神，加大专用性资本投入，不断整合企业的人力资源和管理资源，从而提升企业风险承担水平。

参考江艇(2022)关于中介效应检验方法的操作建议，采用"两步法"进行研发投入的作用机制检验，如表6-3所示。列(1)、(2)结果显示 Dual 和 Wedge 的估计系数显著为正，可见，双重股权结构企业的研发投入力度较大，投票权和现金流权分离度越大，企业研发投入支出越高。

表6-3　研发投入的作用机制检验

变　量	(1)	(2)
	RD	RD
Dual	4.784***	
	(6.85)	
Wedge		1.407***
		(4.96)
Lev	2.501**	3.789***
	(2.28)	(3.42)
CR	0.018	0.065
	(0.17)	(0.58)
Size	0.984***	1.119***
	(5.18)	(5.86)
Lz	1.466**	1.257*
	(2.27)	(1.89)
Bsize	1.804	0.716
	(1.59)	(0.62)
Indr	2.222	0.669
	(1.10)	(0.33)
Growth	0.336*	0.322
	(1.69)	(1.60)
NCFOR	0.000	0.000
	(0.04)	(0.16)
EBITDA	−0.000	−0.000
	(−0.18)	(−0.18)
YLTB	0.000	0.000
	(0.11)	(0.17)
Loss	1.447**	1.168*
	(2.17)	(1.70)

续表

变量	(1)	(2)
	RD	RD
Capda	−0.062 (−0.61)	−0.032 (−0.31)
RE	0.004 (0.15)	−0.002 (−0.08)
Constant	−11.218* (−1.84)	−13.315** (−2.15)
Observations	732	732
R-squared	0.361	0.341
Year/Ind	YES	YES
Adj.R^2	0.327	0.307
F	10.89	9.980

6.4　股利支付的作用机制检验

　　双重股权结构赋予了管理层绝对控制权，分配多少股利取决于其经营态度和目标。双重股权结构可以显著降低企业支付股利的概率，其股利支付水平受到企业生命周期的影响。投票权和现金流权的分离使得企业支付股利的概率和水平都降低(杨菁菁等，2019)。与高度分散的控制权结构企业不同，双重股权结构企业管理层的控制权稳定、集中，不需要通过股利支付来缓解企业的代理冲突。其投资策略不受制于外界急功近利的扰动，管理层更愿意将资金掌控于自身，从而减少股利支付。由6.3节内容可知，较低的股利支付水平可能是因为企业将更多的资金投入到研发项目等创新活动当中，从而挤占了股利支付金额。

参考江艇(2022)关于中介效应检验方法的操作建议，此部分采用"两步法"进行股利支付的作用机制检验，如表 6-4 所示。列(1)、(2)结果显示 Dual 和 Wedge 的估计系数为负，但是 Dual 的系数不显著，说明双重股权结构企业的股利支付水平较低，并且这种影响主要来源于投票权和现金流权的分离，可预期企业将更多的资金进行研发投入，从而作用于企业风险承担水平。

表 6-4　股利支付的作用机制检验

变　量	(1)	(2)
	Divid	Divid
Dual	−0.591	
	(−1.07)	
Wedge		−0.459**
		(−2.09)
Lev	−2.205**	−2.427***
	(−2.55)	(−2.83)
CR	−0.204**	−0.204**
	(−2.36)	(−2.38)
Size	0.753***	0.783***
	(5.04)	(5.31)
Lz	−0.008	0.119
	(−0.02)	(0.23)
Bsize	−0.549	−0.362
	(−0.61)	(−0.41)
Indr	−3.249**	−3.023*
	(−2.04)	(−1.91)
Growth	−0.069	−0.070
	(−0.44)	(−0.45)
NCFOR	−0.001	−0.001
	(−0.73)	(−0.73)

续表

变　量	(1)	(2)
	Divid	Divid
EBITDA	0.001 (0.56)	0.001 (0.56)
YLTB	−0.001* (−1.80)	−0.001* (−1.77)
Loss	−2.325*** (−4.42)	−2.179*** (−4.11)
Capda	−0.086 (−1.06)	−0.092 (−1.14)
RE	0.010 (0.48)	0.011 (0.51)
Constant	−10.143** (−2.11)	−10.813** (−2.26)
Observations	732	732
R-squared	0.150	0.154
Year/Ind	YES	YES
Adj.R2	0.106	0.111
F	3.417	3.523

第七章
进一步分析

7.1 融资约束对企业风险承担水平的影响

融资约束往往不能使企业的投资需求及时、足额地得到满足(赵玉林等，2014)，进而使公司的有效项目投资减少，导致公司的整体投资效率降低。融资约束意味着可能存在信息不对称，尤其是研发过程的透明度不高，会导致投资者要求更高的风险收益率，降低了企业投资研发项目的意愿。当企业面临融资困难时，管理者对可获得的有限资金的使用会更谨慎，将选择更有价值的项目进行投资，从而在一定程度上减少由于管理者非理行为或政府干预所导致的过度投资行为。融资约束程度越严重，贷款利率越高，未来产生的利息现金流出的可能性越大，这在一定程度上抑制了管理者的过度投资问题(宋淑琴等，2014)。

企业风险承担需要资金、技术、土地、产品销售渠道等多种支持，具有较强的资源依赖性，充足的资源是企业风险承担的物质基础(高磊等，2023)。因此，当企业面临严重的融资约束时，会更愿意采取保守的经营策略，避免过度投资，降低风险偏好。王艳波等(2020)的研究发现，创始股东的关键资源能够促进企业风险承担水平的提升。当企业资源充裕时，管理者在项目选择和决策中会主动选择高风险、高收益的项目，从而提高企业风险承担水平。双重股权结构通过赋予创始人等高管团队绝对控制权，激励其投入更多的财务资本、知识资本和社会资本，带领公司继续发展。当企业面临较高的融资约束时，如果企业本身有一定的资源支撑，会从内部和外部对企业的发展进行激励，助力企业"绝处逢生"，走出融资困境，实现蜕变。因此，可以预期在融资约束程度更高的企业中，双重股权结构对企业风险承担水平的提升作用更显著。

本书参照蓝紫文等(2022)的做法，取 SA 指数的绝对值来衡量企业融资约束程度。SA 指数可以避免内生性影响且易于计算，经研究证明具有稳健性(鞠晓生等，2013)。SA 指数构造公式如下：

$$SA = -0.737Size + 0.043Size2 - 0.040Age \qquad (7.1)$$

其中，Size 表示公司规模，Age 表示公司年龄。SA 指数的绝对值越大，说明公司面临越严重的融资约束。若企业的 SA 大于样本中位数，则融资约束较高，否则融资约束较低。

表 7-1 列示了基于融资约束的分组回归结果。在控制了其他相关变量、年度及行业固定效应的基础上，双重股权结构对企业风险承担水平的提升作用在融资约束高的组更显著。

表 7-1　融资约束对企业风险承担水平的影响

变　量	融资约束高		融资约束低	
	Risk1	Risk2	Risk1	Risk2
Dual	6.003*** (4.50)		3.082 (1.33)	
Wedge		1.257** (2.41)		1.035 (1.08)
Lev	6.574** (2.15)	8.388*** (2.69)	4.585* (1.88)	5.466** (2.32)
CR	0.415 (1.07)	0.697* (1.79)	0.204 (0.94)	0.211 (0.97)
Size	−2.322*** (−4.99)	−2.247*** (−4.72)	−4.449*** (−4.41)	−4.405*** (−4.36)
Lz	−1.488 (−1.14)	−1.735 (−1.29)	1.198 (0.66)	1.136 (0.63)
Bsize	1.791 (0.76)	−0.282 (−0.12)	8.438*** (2.71)	7.996** (2.55)
Indr	3.909 (1.00)	1.708 (0.43)	−25.213*** (−4.15)	−25.182*** (−4.13)

续表

变 量	融资约束高		融资约束低	
	Risk1	Risk2	Risk1	Risk2
Growth	2.687***	2.745***	2.798***	2.787***
	(5.71)	(5.72)	(6.00)	(5.97)
NCFOR	0.024*	0.028**	−0.003	−0.002
	(1.92)	(2.15)	(−0.64)	(−0.60)
EBITDA	−0.013*	−0.014*	−0.007**	−0.007**
	(−1.67)	(−1.75)	(−2.28)	(−2.29)
YLTB	0.001	0.001	−0.006***	−0.006***
	(1.12)	(1.02)	(−4.55)	(−4.49)
Loss	−0.844	−0.929	0.943	0.721
	(−0.59)	(−0.63)	(0.53)	(0.40)
Capda	−0.561**	−0.506**	0.358	0.373
	(−2.32)	(−2.06)	(1.50)	(1.57)
RE	0.046	−0.023	−0.017	−0.022
	(0.19)	(−0.10)	(−0.35)	(−0.45)
Constant	54.479***	53.607***	74.874***	73.517***
	(4.49)	(4.30)	(3.26)	(3.21)
Observations	403	403	329	329
R-squared	0.271	0.242	0.474	0.473
Year/Ind	YES	YES	YES	YES
Adj.R^2	0.201	0.170	0.411	0.410
F	3.891	3.356	7.541	7.509

7.2   商誉规模对企业风险承担水平的影响

商誉是企业在并购过程中形成的，周泽将等(2019)的研究表明，公司拥有的商誉资产越多，其风险承担的水平就越高。

商誉反映了企业未来的超额盈利能力，决定了企业能否获得未来发展所必需的资源。企业拥有大额商誉会向外部投资者传递一种利好信号，使其对企业未来的盈利趋势抱有乐观的预期，甚至会使投资者对利好消息产生过度反应(杨威等，2018)。这种预期有助于企业在再融资时获得更多的机会和可能，为企业实施市场拓展、研发项目推进等投资行为提供保障。大额商誉会产生未来协同效应，降低企业的债务融资成本，使得企业获得更多的低成本债务资金。

超额商誉产生于企业并购活动中，是企业家自信的外在表现(吴超鹏等，2008)。在双重股权结构影响下，企业对于投资战略的实施和推进持乐观的态度，会采用较为激进的投资策略，企业的风险承担水平也较高。

双重股权结构企业的管理层通过稳定的控制权，高枕无忧地为企业进行战略谋划，进行战略并购活动带来的大量商誉不仅反映出企业的风险承担能力，还通过并购带来的协同效应为企业进行高效资源配置、实现创新变革提供保障，从而发挥企业家精神，提升企业风险承担水平。因此，预期在双重股权结构企业中，大规模的商誉对企业风险承担水平的提升作用更显著。

企业商誉高于样本中位数，则商誉较高，否则商誉较低。表 7-2 列示了基于商誉规模的分组回归结果。在控制了其他相关变量、年度及行业固定效应的基础上，双重股权结构对企业风险承担水平的提升作用在商誉高的组更显著。

表 7-2　商誉规模对企业风险承担水平的影响

变　量	商 誉 高		商 誉 低	
	Risk1	Risk2	Risk1	Risk2
Dual	6.003***		3.082	
	(4.39)		(1.24)	
Wedge		1.257***		1.035
		(2.71)		(0.80)
Lev	6.574	8.388*	4.585*	5.466**
	(1.58)	(1.92)	(1.68)	(2.06)
CR	0.415	0.697*	0.204	0.211
	(1.07)	(1.66)	(1.20)	(1.24)
Size	−2.322***	−2.247***	−4.449***	−4.405***
	(−5.98)	(−5.66)	(−3.68)	(−3.72)
Lz	−1.488	−1.735	1.198	1.136
	(−0.90)	(−1.07)	(0.55)	(0.52)
Bsize	1.791	−0.282	8.438**	7.996**
	(0.58)	(−0.09)	(2.45)	(2.31)
Indr	3.909	1.708	−25.213***	−25.182***
	(1.31)	(0.58)	(−3.68)	(−3.60)
Growth	2.687***	2.745***	2.798***	2.787***
	(3.11)	(3.23)	(2.89)	(2.88)
NCFOR	0.024	0.028	−0.003	−0.002
	(1.44)	(1.60)	(−0.56)	(−0.54)
EBITDA	−0.013	−0.014	−0.007**	−0.007***
	(−1.54)	(−1.60)	(−2.53)	(−2.62)
YLTB	0.001	0.001	−0.006**	−0.006**
	(0.76)	(0.67)	(−2.04)	(−2.00)

变量	商誉高		商誉低	
	Risk1	Risk2	Risk1	Risk2
Loss	−0.844 (−0.68)	−0.929 (−0.69)	0.943 (0.65)	0.721 (0.49)
Capda	−0.561*** (−2.68)	−0.506** (−2.49)	0.358** (1.99)	0.373** (2.12)
RE	0.046 (0.21)	−0.023 (−0.10)	−0.017 (−0.38)	−0.022 (−0.49)
Constant	54.479*** (4.75)	53.607*** (4.87)	74.874*** (2.98)	73.517*** (3.00)
Observations	403	403	329	329
R-squared	0.271	0.242	0.474	0.473
Year/Ind	YES	YES	YES	YES
Adj.R^2	0.201	0.170	0.411	0.410
F	6.340	5.910	15.49	15.61

7.3 审计机构对企业风险承担水平的影响

董事会是公司内部治理的核心机制，能够有效监督企业的委托代理关系，防止大股东侵占中小股东利益，遏制大股东的控制权私利行为。外部审计则是对企业进行外部监督的机制，能够通过有效监督来减少信息不对称，降低代理成本，对企业治理具有重要意义。在公司治理方面，高质量的审计可以为企业提供优质的管理咨询服务，帮助企业遴选投资项目，作出最优的战略决策，实现效益最大化。在信息效应方面，高质量的审计可以凭借其专业优势和信息处理能力，及时识别企业管理层是否利用信息不对称进行盈余操纵，从而提升企业的信息透明度。这不仅有助于吸引更多的投资者，还能降低企业的外部融资约束，优化企业资源配置，提升企业风险承担水平。

双重股权结构企业的创始人及管理团队在企业创建之初投入了大量的人力资本等专有性资产，对企业有更高的价值追求。在高质量审计的背景下，内部监督和外部监督相互协调，能够有效降低代理成本，激发企业家精神，促使企业进行差异化战略谋划，抢占市场份额，并形成产业聚集效应。因此，可以预期，企业在选择高质量的审计时，双重股权结构对企业风险承担水平的提升作用更显著。

国际四大会计师事务所具有较强的公信力和较高的财务报告质量(袁奋强等，2023)，按照企业是否选择四大会计师事务所将企业分成两组。表 7-3 列出了基于四大会计师事务所的分组回归结果。在控制了其他相关变量、年度及行业固定效应的基础上，双重股权结构对企业风险承担水平的提升作用在选择了四大会计师事务所的企业所在的组表现得更明显。

表 7-3 审计机构对企业风险承担水平的影响

变 量	四大会计师事务所		非四大会计师事务所	
	Risk1	Risk2	Risk1	Risk2
Dual	5.239***		3.959*	
	(3.17)		(1.95)	
Wedge		1.452**		0.312
		(2.48)		(0.32)
Lev	8.417**	10.708***	5.976**	7.026***
	(2.45)	(3.09)	(2.58)	(3.09)
CR	0.459	0.689	0.168	0.193
	(0.75)	(1.14)	(0.87)	(1.00)
Size	-2.755***	-2.752***	-3.302***	-3.068***
	(-5.45)	(-5.41)	(-6.32)	(-5.76)
Lz	-0.575	-0.671	-0.278	-0.658
	(-0.37)	(-0.42)	(-0.17)	(-0.42)

续表

变　量	四大会计师事务所		非四大会计师事务所	
	Risk1	Risk2	Risk1	Risk2
Bsize	5.192* (1.86)	3.351 (1.22)	2.536 (0.90)	2.303 (0.81)
Indr	1.517 (0.33)	−0.195 (−0.04)	−16.082*** (−2.84)	−15.967*** (−2.80)
Growth	2.057*** (3.57)	2.149*** (3.72)	3.147*** (7.41)	3.078*** (7.22)
NCFOR	0.014 (1.21)	0.015 (1.30)	−0.002 (−0.56)	−0.002 (−0.51)
EBITDA	−0.019** (−2.24)	−0.019** (−2.26)	−0.007** (−2.43)	−0.007** (−2.40)
YLTB	0.003* (1.68)	0.003* (1.69)	−0.004*** (−4.42)	−0.004*** (−4.44)
Loss	0.401 (0.24)	0.094 (0.05)	−0.890 (−0.59)	−1.056 (−0.68)
Capda	−0.256 (−0.84)	−0.258 (−0.84)	0.172 (0.82)	0.198 (0.94)
RE	−0.178 (−1.30)	−0.191 (−1.39)	−0.016 (−0.34)	−0.019 (−0.39)
Constant	64.018*** (3.98)	65.161*** (4.02)	56.569*** (3.95)	51.017*** (3.53)
Observations	346	346	386	386
R-squared	0.321	0.313	0.433	0.427
Year/Ind	YES	YES	YES	YES
Adj.R^2	0.247	0.238	0.374	0.368
F	4.334	4.168	7.394	7.214

7.4 双重股权结构提升公司风险承担水平带来的经济后果

风险承担能否提升企业价值也是人们关注的重点(Boubakri et al.，2013)。一方面，承担过多风险或许会使企业陷入危机，甚至破产(Bebchuk et al.，2010)；另一方面，如果不愿意承担一点风险，企业也基本不可能发展壮大(Nakano and Nguyen，2012)。企业承担一定的风险有利于促进其业绩的提升，且呈现出"倒 U 形"趋势(董保宝，2014)。双重股权结构可以通过降低代理成本、缓解管理层短视行为来提升企业价值(胡丹等，2022)。过度投资会伴随高杠杆(马亚明等，2022)，致使企业债务风险上升，增加企业经营风险和财务负担，并挤占企业研发投入(蔡庆丰等，2020)，增加企业的破产风险，损害企业价值。多个非控股股东能提升企业风险承担水平，并且增加企业价值(高磊等，2020)。所以，风险承担水平的升高既可能是双重股权结构激励创始股东进行资本研发投入，增加盈余向上波动的结果，也可能是创始股东在自利动机的推动下进行非效率投资，增加盈余向下波动的结果。这种盈余的波动对企业价值究竟有利还是有弊？

企业相应提升风险承担水平有助于其在资本市场上寻求新的发展机遇，进一步开拓市场，带动企业价值增加。为了检验双重股权结构能否通过提升企业风险承担水平来影响企业价值，采用逐步回归法(温忠麟、叶宝娟，2014)进行检验，同时采用 Sobel 法和 Bootstrap 法进行验证，构建如下模型：

$$\text{TobinQ}_{i,t} = \lambda_0 + \lambda_1 \text{Dual}_{i,t} + \lambda_2 \text{control}_{i,t} + \sum_t \text{Year}_t + \sum_j \text{Ind}_j + \varepsilon_{i,t} \tag{7.2}$$

$$\text{TobinQ}_{i,t} = \mu_0 + \mu_1 \text{Risk}_{i,t} + \mu_2 \text{Dual}_{i,t} + \mu_3 \text{control}_{i,t} + \sum_t \text{Year}_t + \sum_j \text{Ind}_j + \varepsilon_{i,t} \tag{7.3}$$

并将 TobinQ、TobinQ$_{t+1}$、TobinQ$_{t+2}$ 放入以上模型进行回归来检验 1~2 年企业价值的变化情况。其中，TobinQ$_{t+1}$ 为未来 1 年的 TobinQ，TobinQ$_{t+2}$ 为未来 2 年的 TobinQ，企业价值(剔除货币资金)＝股权价值(总市值)＋带息债务－货币资金。

表 7-4 报告了相应的回归结果，在控制了相关变量的基础上，列(1)结果显示 Dual 可以提升企业价值，加入 Risk 后，Dual 的系数从 0.486 变为 0.450，并且未来 1 年和未来 2

年的系数为 0.578 和 0.701，同时 Risk 的系数显著为正，说明双重股权结构可以通过提升企业风险承担水平来增加企业价值，这种效应在未来 2 年逐年上升。

表 7-4　双重股权结构提升企业风险承担水平的经济后果

变量	(1)	(2)	(3)	(4)	(5)	(6)
	TobinQ	TobinQ	TobinQ$_1$	TobinQ$_1$	TobinQ$_2$	TobinQ$_2$
Risk		0.008** (2.50)		0.012*** (3.82)		0.009** (2.37)
Dual	0.486*** (4.94)	0.450*** (4.54)	0.627*** (6.84)	0.578*** (6.30)	0.725*** (7.31)	0.701*** (7.06)
Lev	−0.100 (−0.63)	−0.152 (−0.95)	−0.031 (−0.20)	−0.112 (−0.74)	−0.159 (−1.01)	−0.221 (−1.39)
CR	−0.003 (−0.13)	−0.007 (−0.33)	0.015 (0.93)	0.011 (0.68)	−0.007 (−0.40)	−0.010 (−0.56)
Size	1.106*** (41.62)	1.129*** (40.34)	1.053*** (42.16)	1.084*** (41.59)	1.016*** (38.26)	1.039*** (36.86)
Lz	0.061 (0.65)	0.072 (0.76)	−0.009 (−0.10)	0.000 (0.00)	0.075 (0.81)	0.080 (0.86)
Bsize	0.115 (0.72)	0.097 (0.61)	0.166 (1.11)	0.137 (0.92)	0.213 (1.33)	0.201 (1.26)
Indr	0.572** (2.02)	0.618** (2.18)	0.267 (1.00)	0.337 (1.27)	−0.123 (−0.43)	−0.084 (−0.29)
Growth	0.149*** (5.31)	0.124*** (4.21)	0.051** (1.97)	0.019 (0.68)	−0.009 (−0.35)	−0.030 (−1.09)
NCFOR	0.001 (1.47)	0.000 (1.41)	−0.000 (−0.47)	−0.000 (−0.59)	0.000 (0.48)	0.000 (0.49)
EBITDA	−0.001*** (−3.78)	−0.001*** (−3.48)	−0.000* (−1.84)	−0.000 (−1.35)	−0.001*** (−3.19)	−0.001*** (−2.86)

续表

变量	(1)	(2)	(3)	(4)	(5)	(6)
	TobinQ	TobinQ	TobinQ$_1$	TobinQ$_1$	TobinQ$_2$	TobinQ$_2$
YLTB	0.000	0.000	−0.000	−0.000	0.000	0.000
	(0.28)	(0.58)	(−0.83)	(−0.54)	(0.65)	(1.06)
Loss	−0.207**	−0.203**	−0.053	−0.044	−0.024	−0.007
	(−2.17)	(−2.14)	(−0.59)	(−0.50)	(−0.26)	(−0.08)
Capda	−0.001	−0.000	−0.001	−0.002	−0.012	−0.012
	(−0.04)	(−0.03)	(−0.08)	(−0.13)	(−0.86)	(−0.88)
Lifecycle	−0.001	−0.001	−0.003	−0.003	−0.003	−0.003
	(−0.23)	(−0.18)	(−0.95)	(−0.81)	(−0.80)	(−0.75)
Constant	−4.816***	−5.178***	−3.034***	−3.533***	−2.772***	−3.153***
	(−5.51)	(−5.87)	(−3.66)	(−4.25)	(−3.38)	(−3.78)
Observations	674	674	690	690	603	603
R-squared	0.832	0.834	0.829	0.833	0.834	0.836
Year/Ind	YES	YES	YES	YES	YES	YES
Adj.R2	0.822	0.824	0.820	0.824	0.823	0.825
F	87.60	86.10	88.10	87.90	78.98	77.62
Sober Z	1.696		2.766		1.962	
Sober Z–p 值	0.09		0.006		0.05	
Goodman Z	1.725		2.803		2.006	
Goodman Z–p 值	0.085		0.005		0.045	
中介效应占比	0.081		0.093		0.049	

第八章
结论与启示

8.1　研究的主要结论

　　本书从委托代理理论、企业家理论、控制权理论、智力资本理论、风险偏好理论等多重视角出发，研究双重股权结构对企业风险承担的影响，并采用赴美上市的民营企业公开数据进行实证检验。在此基础上，进一步探究双重股权结构影响企业风险承担的传导路径(作用机制)，运用中介效应模型检验了 4 个作用机制——代理成本、盈余管理、研发投入和股利支付，并分析其经济后果，即双重股权结构提升企业风险承担水平后，是否促进了企业价值的提升。本书的主要研究结论如下：

　　第一，相比同股同权公司，双重股权结构公司的风险承担水平更高。双重股权结构作为一种创新的股权架构安排，确保创始股东在经历公司的多轮融资后，仍能保留公司的控制权。在这种结构下，普通股东让渡投票权，激励着创始股东不辜负普通股东的信任，对企业保持强烈的使命感和责任感，将企业的发展作为理想和价值实现的基础。激发创始股东更专注、更投入地工作，运用其独有的技术，勇于承担风险，努力奋斗，最终成就伟大的企业。激励创始股东弘扬企业家精神，勇于冒险和创新，提升企业的风险承担水平。

　　第二，处于成熟期的双重股权结构企业风险承担水平显著提升。当企业处于成长期时，需要技术创新、研发创新来开拓市场，但这一时期企业尚未形成成熟的管理模式和组织架构，面临较高的生产成本，企业资源有限。此时，企业需要扩大市场规模、提高市场影响力，力求"行稳致远"，因此倾向于规避风险投资等收益不确定性较高的项目，这可能抑制双重股权结构对企业风险承担水平的提升作用。当企业进入成熟期时，双重股权结构企业具备了充沛的资本、人力和信息等资源，有较多财务资源及更高的抗风险能力，能更从容地承担高风险项目。处于衰退期的企业，可能面临产品收益率低、制度流程僵化、市场占有率下降等一系列问题(张芳等，2023)，企业将面临更高的代理成本和融资约束，这使得双重股权结构对企业风险承担水平的提升作用受到限制。在双重股权结构的企业中，超级投票表决权保障了创始人的控制权地位，使其安心地为企业进行谋划，不受制于其他投资者"急功近利"的干扰，愿意进行资本的投入并选择高风险项目。因此，受风险偏好和控制权保障程度的影响，不同企业的风险承担水平会有一定的差异。

第三，影响路径表明，双重股权结构企业的创始人股东可以凭借稳定的控制权进行"激励赋能"和"自我约束"，发扬企业家精神，从整体上降低企业的代理成本，进行专有性资本投入，提升企业风险承担水平。采用双重股权结构的企业可以降低盈余管理程度，分配更少的现金股利，进行更多的研发投入，并且投票权和现金流权的分离度越大，股利支付水平越低，企业可以加大研发创新投入，从而提升企业风险承担水平。

第四，进一步的研究表明，从异质性角度分析，相对于融资约束程度低的企业，融资约束程度高的双重股权结构企业，其风险承担水平更低。拥有大规模商誉的双重股权结构企业，其风险承担水平更高。双重股权结构企业聘请高质量审计机构，有利于提升企业风险承担水平。双重股权结构企业风险承担水平提升后，企业价值也相应提高，且这种提升效应在未来两年呈现出逐年上升的趋势。

8.2　启示与展望

双重股权结构被我国资本市场接纳的时间不长，目前在科创板上市的双重股权结构公司仅有 8 家。这一领域的研究无论是在理论层面还是实证层面，都处于有待发展和完善的状态。目前关于双重股权结构与公司风险承担方面的研究成果较少，尚未形成统一的结论。本书在国内外学者现有研究成果的基础上进一步拾遗补缺，验证了双重股权结构能够促进企业提升风险承担水平，最终提高企业价值。这一结论可以帮助我国 A 股资本市场的投资者作出投资决策，同时也可为我国资本市场监管层制定政策建议提供一定启示：

第一，鼓励具有科创属性的企业设置双重股权结构。双重股权结构促进创始人团队投入更多人力资本，提升公司风险承担水平，专注于技术创新或业务模式创新。在同股同权的股权架构下，创始人团队如果持股比例较低，将面临内部股东反对和外部并购的威胁，导致创始人团队无法专心致志地实施公司战略规划。因此，保障创始人团队的实际控制权极为重要。在我国大力推进新质生产力的背景下，企业的发展就是要通过创新起主导作用，摆脱传统经济增长方式和生产力发展路径，发展具有高科技、高效能、高质量特征，符合高质量发展理念的先进生产力。为科创企业设置双重股权结构，将会带来生产关系的重大变革，有效促进新质生产力的发展。

第二，双重股权结构企业需设置合理的日落条款。科创企业选择双重股权结构时，应同步做好创始人特殊表决权的退出机制设计。在双重股权结构下，如果公司创始人不能够持续投入更多的人力资本，或者随着科技企业技术的发展、业务模式的不断创新，创始人及其团队认知和能力有限，无法带领企业不断努力前行，或者创始人团队侵占公司利益，发生利益输送、隧道挖掘等控制权滥用行为，那么普通股东如何将创始人的特殊表决权收回，需要在公司章程中设定专门的协议条款。例如，国内双重股权结构第一股优刻得公司的章程规定：持有特殊表决权股份(B 类股)的股东向他人转让 B 类股时，其特殊表决权失效，转为普通的 A 类股。此外，面临公司重大事项如修改公司章程、聘请或解聘独立董事、变更会计师事务所等时，B 类股份的表决权数量与 A 类股份相同。

第三，优化双重股权结构公司的内外部监督机制至关重要。对双重股权结构企业的内部监督，因普通股东投票权比例大幅降低而逐渐失去意义。然而，实证研究表明，双重股权结构公司的代理成本并不高，相反，它是通过降低代理成本来提高公司风险承担水平的。在这个过程中，创始人发扬企业家精神，通过自我约束建立良好的声誉。同时，外部的媒体监督、高质量的审计监督以及产品市场的优胜劣汰的竞争机制也发挥了相应作用。因此，如何加强双重股权结构公司的内部监督机制，推动独立董事发挥监督作用，优化对高管团队的激励机制等也是需要理论界与实务界共同关注的。此外，监管层应重点关注双重股权结构公司的信息披露情况，增强公司内部和外部监督的效果，扬长避短，最大程度发挥双重股权结构这一特殊股权架构的活力和效率，同时遏制其可能产生的代理问题。

附录　在美国上市并采用双重股权结构的中概股

序号	证券代码	证券简称	上市日期	股份类型	所属行业	表决权倍数
1	CPOP.O	普普文化	2021 年 6 月 30 日	普通股	媒体 II	7
2	DIDIY.OO	滴滴出行	2021 年 6 月 30 日	存托凭证	软件与服务	10
3	DDL.N	叮咚买菜	2021 年 6 月 29 日	存托凭证	零售业	20
4	MFLTY.OO	每日优鲜	2021 年 6 月 25 日	存托凭证	零售业	20
5	YMM.N	满帮集团	2021 年 6 月 22 日	存托凭证	软件与服务	30
6	RERE.N	万物新生	2021 年 6 月 18 日	存托凭证	零售业	3/15
7	BZ.O	BOSS 直聘	2021 年 6 月 11 日	存托凭证	软件与服务	15
8	ZMENY.OO	掌门教育(退市)	2021 年 6 月 8 日	存托凭证	消费者服务 II	30
9	WDH.N	水滴公司	2021 年 5 月 7 日	存托凭证	多元金融	9
10	OGBLY.OO	洋葱	2021 年 5 月 7 日	存托凭证	零售业	10
11	TSPH.OO	图森未来	2021 年 4 月 15 日	普通股	软件与服务	10
12	EM.O	怪兽充电	2021 年 4 月 1 日	存托凭证	消费者服务 II	10
13	ZH.N	知乎	2021 年 3 月 26 日	存托凭证	软件与服务	10
14	TUYA.N	涂鸦智能	2021 年 3 月 18 日	存托凭证	软件与服务	15
15	FHS.N	第一高中(退市)	2021 年 3 月 11 日	存托凭证	消费者服务 II	20
16	RAASY.OO	容联易通	2021 年 2 月 9 日	存托凭证	软件与服务	10
17	RLX.N	雾芯科技	2021 年 1 月 22 日	存托凭证	食品、饮料与烟草	10
18	KUKE.N	库客音乐	2021 年 1 月 12 日	存托凭证	媒体 II	10
19	YQ.O	一起教育科技	2020 年 12 月 4 日	存托凭证	消费者服务 II	30
20	YSG.N	逸仙电商	2020 年 11 月 19 日	存托凭证	家庭与个人用品	10

续表一

序号	证券代码	证券简称	上市日期	股份类型	所属行业	表决权倍数
21	MNSO.N	名创优品	2020 年 10 月 15 日	存托凭证	零售业	3
22	IH.N	洪恩	2020 年 10 月 9 日	存托凭证	消费者服务Ⅱ	10
23	CD.O	秦淮数据(退市)	2020 年 9 月 30 日	存托凭证	软件与服务	15
24	BQ.A	波奇网	2020 年 9 月 30 日	存托凭证	零售业	20
25	XPEV.N	小鹏汽车	2020 年 8 月 27 日	存托凭证	汽车与零部件	10
26	BEKE.N	贝壳	2020 年 8 月 13 日	存托凭证	房地产Ⅱ	10
27	LI.O	理想汽车	2020 年 7 月 30 日	存托凭证	汽车与零部件	10
28	QH.O	趣活科技	2020 年 7 月 10 日	存托凭证	软件与服务	15
29	EBON.O	亿邦通信	2020 年 6 月 26 日	普通股	技术硬件与设备	20
30	LGHL.O	狮子集团	2020 年 6 月 17 日	存托凭证	多元金融	10
31	BNR.O	燃石医学	2020 年 6 月 12 日	存托凭证	医疗保健设备与服务	6
32	UCL.O	优克联新	2020 年 6 月 10 日	存托凭证	技术硬件与设备	15
33	WIMI.O	微美全息	2020 年 4 月 1 日	存托凭证	软件与服务	10
34	ZCMD.O	众巢医学	2020 年 2 月 24 日	普通股	消费者服务Ⅱ	15
35	DNK.N	蛋壳公寓(退市)	2020 年 1 月 17 日	存托凭证	房地产Ⅱ	20
36	EH.O	亿航智能	2019 年 12 月 12 日	存托凭证	资本货物	10
37	CAN.O	嘉楠科技	2019 年 11 月 21 日	存托凭证	半导体与半导体生产设备	15
38	MOHOY.OO	易恒健康(退市)	2019 年 11 月 8 日	存托凭证	医疗保健设备与服务	10
39	KRKR.O	36氪	2019 年 11 月 8 日	存托凭证	软件与服务	25

续表二

序号	证券代码	证券简称	上市日期	股份类型	所属行业	表决权倍数
40	UK.O	优客工厂	2019 年 11 月 7 日	普通股	房地产 Ⅱ	15
41	DAO.N	有道	2019 年 10 月 25 日	存托凭证	消费者服务 Ⅱ	3
42	AMTD.N	尚乘集团	2019 年 8 月 5 日	存托凭证	多元金融	20
43	AGBA.O	AGBA	2019 年 7 月 31 日	普通股	多元金融	10
44	CIH.O	中指控股(退市)	2019 年 6 月 12 日	存托凭证	软件与服务	10
45	JFIN.O	嘉银科技	2019 年 5 月 10 日	存托凭证	多元金融	10
46	YJ.O	云集	2019 年 5 月 3 日	存托凭证	零售业	10
47	SY.O	新氧	2019 年 5 月 2 日	存托凭证	软件与服务	30
48	RUHN.O	如涵(退市)	2019 年 4 月 3 日	存托凭证	零售业	10
49	TIGR.O	老虎证券	2019 年 3 月 20 日	存托凭证	多元金融	20
50	FUTU.O	富途控股	2019 年 3 月 8 日	存托凭证	多元金融	10
51	TME.N	腾讯音乐	2018 年 12 月 12 日	存托凭证	媒体 Ⅱ	15
52	QTTOY.OO	趣头条	2018 年 9 月 14 日	存托凭证	软件与服务	10
53	NIO.N	蔚来	2018 年 9 月 12 日	存托凭证	汽车与零部件	8
54	PDD.O	拼多多	2018 年 7 月 26 日	存托凭证	零售业	10
55	HUYA.N	虎牙直播	2018 年 5 月 11 日	存托凭证	软件与服务	10
56	IQ.O	爱奇艺	2018 年 3 月 29 日	存托凭证	软件与服务	10
57	BILI.O	哔哩哔哩	2018 年 3 月 28 日	存托凭证	软件与服务	10
58	YGTYF.OO	盛世乐居(退市)	2018 年 2 月 5 日	普通股	消费者服务 Ⅱ	10
59	ICLK.O	爱点击	2017 年 12 月 22 日	存托凭证	软件与服务	20
60	AIJTY.OO	简普科技	2017 年 11 月 16 日	存托凭证	多元金融	10

续表三

序号	证券代码	证券简称	上市日期	股份类型	所属行业	表决权倍数
61	SOGO.N	搜狗 (退市)	2017 年 11 月 9 日	存托凭证	软件与服务	10
62	QD.N	趣店	2017 年 10 月 18 日	存托凭证	多元金融	10
63	SECOY.OO	寺库	2017 年 9 月 22 日	存托凭证	零售业	20
64	BEST.N	百世集团	2017 年 9 月 20 日	存托凭证	运输	15
65	BEDU.N	博实乐	2017 年 5 月 18 日	存托凭证	消费者服务 II	20
66	GDS.O	万国数据	2016 年 11 月 2 日	存托凭证	软件与服务	20
67	ZTO.N	中通快递	2016 年 10 月 27 日	存托凭证	运输	10
68	GSUM.O	国双(退市)	2016 年 9 月 23 日	存托凭证	软件与服务	10
69	COE.A	无忧英语	2016 年 6 月 10 日	存托凭证	消费者服务 II	10
70	BZUN.O	宝尊电商	2015 年 5 月 21 日	存托凭证	软件与服务	10
71	XNET.O	迅雷	2014 年 6 月 24 日	存托凭证	软件与服务	10
72	JD.O	京东	2014 年 5 月 22 日	存托凭证	零售业	20
73	JMEI.N	聚美优品(退市)	2014 年 5 月 16 日	存托凭证	零售业	10
74	TOUR.O	途牛	2014 年 5 月 9 日	存托凭证	零售业	10
75	CMCM.N	猎豹移动	2014 年 5 月 8 日	存托凭证	软件与服务	10
76	KANG.O	爱康国宾(退市)	2014 年 4 月 9 日	存托凭证	医疗保健设备与服务	15
77	TCTM.O	达内教育	2014 年 4 月 3 日	存托凭证	消费者服务 II	10
78	GOMO.O	久邦数码(退市)	2013 年 11 月 22 日	存托凭证	软件与服务	10
79	QUNR.O	去哪儿网(退市)	2013 年 11 月 1 日	存托凭证	零售业	3

续表四

序号	证券代码	证券简称	上市日期	股份类型	所属行业	表决权倍数
80	WUBA.N	58 同城(退市)	2013 年 10 月 31 日	存托凭证	软件与服务	10
81	LITB.N	兰亭集势	2013 年 6 月 6 日	存托凭证	零售业	3
82	YY.O	欢聚	2012 年 11 月 21 日	存托凭证	软件与服务	10
83	CMGE.O	中国手游(退市)	2012 年 9 月 25 日	存托凭证	软件与服务	5
84	TUDO.O	土豆网(退市)	2011 年 8 月 17 日	存托凭证	软件与服务	4
85	FENG.N	凤凰新媒体	2011 年 5 月 12 日	存托凭证	软件与服务	1.3
86	VNET.O	世纪互联	2011 年 4 月 21 日	存托凭证	软件与服务	10
87	DANG.N	当当网(退市)	2010 年 12 月 8 日	存托凭证	零售业	10
88	TAL.N	好未来	2010 年 10 月 20 日	存托凭证	消费者服务Ⅱ	10
89	GAME!.O	盛大游戏(退市)	2009 年 9 月 25 日	存托凭证	软件与服务	10
90	CYOU.O	畅游(退市)	2009 年 4 月 2 日	存托凭证	软件与服务	10
91	PWRD.O	完美世界(退市)	2007 年 7 月 26 日	存托凭证	软件与服务	10
92	MR!.N	迈瑞(退市)	2006 年 9 月 26 日	存托凭证	医疗保健设备与服务	5
93	BIDU.O	百度	2005 年 8 月 5 日	存托凭证	软件与服务	10
94	LONG.O	艺龙(退市)	2004 年 10 月 28 日	存托凭证	零售业	15

参 考 文 献

毕晓方，张俊民，李海英，2015. 产业政策、管理者过度自信与企业流动性风险[J]. 会计
　　研究，(03)：57-63.

蔡庆丰，陈熠辉，林煜，2020. 信贷资源可得性与企业创新：激励还是抑制：基于银行网
　　点数据和金融地理结构的微观证据[J]. 经济研究，55(10)：124-140.

陈红，张玉，刘东霞，2019. 政府补助、税收优惠与企业创新绩效：不同生命周期阶段的
　　实证研究[J]. 南开管理评论，22(3)：187-200.

陈梦君，2019. 双重股权结构下的公司治理问题探讨[D]. 南昌：江西财经大学.

陈明，熊先承，2021. 国有股权与民营企业战略风险承担：基于"能力"与"意愿"的双
　　重视角[J]. 当代财经，(7)：90-102.

陈若英，2014. 论双层股权结构的公司实践及制度配套：兼论我国的监管应对[J]. 证券市
　　场导报，(03)：4-9.

陈文强，贾生华，2015. 股权激励、代理成本与企业绩效：基于双重委托代理问题的分析
　　框架[J]. 当代经济科学，37(02)：106-113.

陈云俊，2014. 我国上市公司引入双重股权结构的立法建议[J]. 时代金融，(23)：160-
　　166.

池昭梅，陈炳均，2020. 双重股权结构对企业创始人控制权的影响：以小米集团赴港上市
　　为例 [J]. 财会月刊，(09)：13-20.

戴娟萍，郑贤龙，2015. 政治关联会影响企业风险承担吗?：来自民营上市公司的经验证
　　据[J]. 财经论丛，(10)：67-76.

董保宝，葛宝山，2014. 新企业风险承担与绩效倒 U 形关系及机会能力的中介作用研究
　　[J]. 南开管理评论，17(4)：56-65+87.

窦军生，贾生华，2008. "家业"何以长青？：企业家个体层面家族企业代际传承要素的识别 [J]. 管理世界，(09)：105-117.

杜佳佳，吴英霞，2018. 双层股权结构的价值、风险与规范进路[J]. 南方金融，(08)：90-98.

杜勇，谢瑾，陈建英，2019. CEO 金融背景与实体企业金融化[J]. 中国工业经济，(5)：136-154.

杜媛，2020. 何种企业适合双重股权结构？：创始人异质性资本的视角[J]. 经济管理，42(9)：160-175.

杜媛，狄盈馨，2020. 双重股权结构、机构投资者权力与会计信息质量：基于"主动"和"被动"的两权分离[J]. 商业研究，(10)：89-98.

杜媛，董文婷，蒋雪桐，2021. 产品市场竞争优势与双重股权结构选择：基于外部股东视角[J]. 会计研究，(6)：91-103.

范世乾，2012. 信义义务的概念[J]. 湖北大学学报哲学社会科学版，39(1)：62-66.

冯果，2016. 股东异质化视角下的双层股权结构[J]. 政法论坛，34(04)：126-137.

高闯，张清，2017. 双层股权结构运作与企业创新型发展的关联度[J]. 改革，(01)：99-109.

高菲，2018. 争议中的双层股权结构：国际经验及对中国启示[J]. 理论月刊，(08)：130-137.

高菲，周林彬，2017. 上市公司双层股权结构：创新与监管[J]. 中山大学学报(社会科学版)，57(03)：186-193.

高磊，晓芳，王彦东，2020. 多个大股东、风险承担与企业价值[J]. 南开管理评论，23(5)：124-133.

高磊，赵雨笛，2023. 多个异质大股东的混合所有制与企业创新：基于风险承担与融资约束的中介作用[J]. 管理评论，35(11)：126-141.

郭瑾，王存峰，刘志远，彭涛，2022. 债券契约条款对企业风险承担的治理机制研究：约束效应还是威慑效应[J]. 南开管理评论，25(5)：148 - 158 + 169 + 159 - 160.

郭雳，彭雨晨，2019. 双层股权结构国际监管经验的反思与借鉴[J]. 北京大学学报(哲学社会科学版)，56(02)：132-145.

韩宝山，2018. 橘兮?枳兮?：权变视角下国外双重股权研究中的争议[J]. 外国经济与管理，40(07)：84-98.

韩贺洋，杨兴全，周全，韩俊华，2024. 社保基金持股与企业风险承担：过度监督还是风险治理[J]. 会计研究，(1)：108-121.

何威风，刘巍，黄凯莉，2016. 管理者能力与企业风险承担[J]. 中国软科学，(05)：107-118.

何瑛，于文蕾，杨棉之，2019. CEO 复合型职业经历、企业风险承担与企业价值[J]. 中国工业经济，(9)：155-173.

胡丹，杨金花，2022. 双层股权结构与公司价值：基于赴美上市中概股公司的经验证据[J]. 南方金融，(7)：13-27.

胡国柳，胡珺，2017. 董事高管责任保险与企业风险承担：理论路径与经验证据[J]. 会计研究，(5)：40-46+96.

胡洁，2002. 股份公司股权结构研究[D]. 中国社会科学院研究生院.

胡育蓉，朱恩涛，龚金泉，2014. 货币政策立场如何影响企业风险承担：传导机制与实证检验[J]. 经济科学，(01)：39-55.

胡泽民，刘杰，莫秋云，2018. 股权集中度、代理成本与企业绩效[J]. 财会月刊，(02)：25-31.

华生，林辉，钟腾，卢遥，2019. A 股市场引入双层股权结构可行吗：基于交易空间与交易市场视角的分析[J]. 财贸经济，40(11)：98-112.

黄群慧，2000. 控制权作为企业家的激励约束因素：理论分析及现实解释意义 [J]. 经济研究，(01)：41-47.

黄越，杨乃定，张宸璐，2011. 高层管理团队异质性对企业绩效的影响研究：以股权集中度为调节变量[J]. 管理评论，23(11)：120-125+168.

黄臻，2015. 监督机制视角下双层股权结构股东内部治理的完善路径[J]. 商业经济研究，(31)：123-124.

黄臻，2015. 双层股权结构实施法律环境的比较分析：以阿里巴巴上市为例[J]. 宁夏社会科学，(06)：55-60.

江艇，2022. 因果推断经验研究中的中介效应与调节效应[J]. 中国工业经济，(05)： 100-120.

姜付秀，蔡欣妮，朱冰，2018. 多个大股东与股价崩盘风险[J]. 会计研究，(1)：68-74.

姜付秀，王运通，田园，吴恺，2017. 多个大股东与企业融资约束：基于文本分析的经验证据[J]. 管理世界，(12)：61-74.

蒋冬梅，付燕，2018. 双重股权结构对非效率投资的影响研究[J]. 商业研究，(10)：108-117.

蒋学跃，2014. 公司双重股权结构问题研究[J]. 证券法苑，13(04)：27-44.

金帆，张雪，2018. 从财务资本导向到智力资本导向：公司治理范式的演进研究[J]. 中国工业经济，(01)：156-173.

金雪军，徐凯翔，2018. 金融危机、货币政策与企业贷款行为：基于企业风险承担的微观视角研究[J]. 浙江大学学报(人文社会科学版)，48(03)：114-132.

鞠晓生，卢荻，虞义华，2013. 融资约束、营运资本管理与企业创新可持续性[J]. 经济研究，48(1)：4-16.

蓝紫文，李增泉，2022. 关系型合约视角下双重股权结构选择动因解析：来自中概股的经验证据[J]. 财经研究，48(3)：139-153.

李冬琴，黄晓春，2003. 智力资本：概念、结构和计量述评[J]. 科学学研究，(S1)： 210-214.

李海霞，王振山，2015. CEO 权力与公司风险承担：基于投资者保护的调节效应研究[J]. 经济管理，37(08)：76-87.

李海英，李双海，毕晓方，2017. 双重股权结构下的中小投资者利益保护：基于 Facebook 收购 WhatsApp 的案例研究[J]. 中国工业经济，(01)：174-192.

李鸿渐，张辉，2021. 双层股权制度下的中小投资者利益保护研究[J]. 会计之友，(02)：29-35.

李平，2006. 国外企业智力资本研究的前沿问题[J]. 科技进步与对策，(08)：193-195.

李文贵，余明桂，2012. 所有权性质、市场化进程与企业风险承担[J]. 中国工业经济，

(12)：115-127.

李贤森，严依涵，2016. 股权相对分散化趋势下双层股权制度的适用问题[J]. 北京邮电大学学报(社会科学版)，18(03)：65-70+90.

李香花，高博，李世辉，2021. 政策性负担、管理者过度自信与企业风险承担[J]. 财会月刊，(19)：48-57.

李云鹤，吴文锋，胡悦，2022. 双层股权与企业创新：科技董事的协同治理功能[J]. 中国工业经济，(05)：159-176.

梁上上，2005. 股东表决权：公司所有与公司控制的连接点[J]. 中国法学，(03)：108-119.

林朝颖，黄志刚，石德金，2014. 货币政策对企业风险管理的影响研究[J]. 财经论丛，(06)：38-45.

林菁，仲继银，2022. 数字化转型与企业风险承担行为研究[J]. 经济经纬，39(6)：108-117.

刘志鑫，2018. 双层股权结构上市公司分析：以小米公司赴港上市为例[J]. 产业创新研究，(06)：36-37.

刘志远，高佳旭，2019. 终极控制人、金字塔结构与企业风险承担[J]. 管理科学，32(6)：149-163.

刘志远，王存峰，彭涛，郭瑾，2017. 政策不确定性与企业风险承担：机遇预期效应还是损失规避效应[J]. 南开管理评论，20(06)：15-27.

马春爱，易彩，2017. 管理者过度自信对财务弹性的影响研究[J]. 会计研究，(7)：75-81+97.

马红，2018. CEO 权力、政治关联与企业风险承担的实证研究[J]. 西安电子科技大学学报(社会科学版)，28(02)：1-18.

马立行，2013. 美国双层股权结构的经验及其对我国的启示[J]. 世界经济研究，(04)：30-34+88.

马连福，2020. 股权结构设计与公司治理创新研究[J]. 会计之友，(17)：2-7.

马卫东，游玲杰，胡长深，2012. 企业家精神、开拓能力与组织绩效：基于苏北地区企业的实证分析[J]. 企业经济，31 (08)： 37-41.

马亚明，张立乐，2022. 地方政府债务扩张对国有企业投资效率的影响：基于国有企业过度负债的中介效应[J]. 会计与经济研究，36(1)：27-45.

毛其淋，许家云，2016. 政府补贴、异质性与企业风险承担[J]. 经济学(季刊)，15(04)：1533-1562.

缪霞，2019. 从科创板看我国双层股权结构的发展进路[J]. 区域金融研究，(11)：51-58.

牛枫，张刘臻，肖作平，2022. 国有资本参股对民营企业风险承担水平的影响：基于上市民营企业的数据研究[J]. 商业经济与管理，(9)：72-89.

潘爱玲，郭超，2015. 国有传媒企业改革中特殊管理股制度的探索：国际经验与中国选择[J]. 东岳论丛，36(03)：123-129.

邱洋冬，陶锋，2020. 选择性产业政策提升了企业风险承担水平吗？：基于高新技术企业资质认定的证据[J]. 经济科学，(01)：46-58.

权小锋，吴世农，2010. CEO 权力强度、信息披露质量与公司业绩的波动性：基于深交所上市公司的实证研究[J]. 南开管理评论，13(04)：142-153.

石大林，2015. 资本结构、市场化进程与公司风险承担的关系探究[J]. 金融教学与研究，(03)：17-22+44.

石晓飞，姚计海，2020. 民营企业创始人过度自信与企业投资行为研究[J]. 河北经贸大学学报，41(5)：98-108.

石晓军，王骜然，2017. 独特公司治理机制对企业创新的影响：来自互联网公司双层股权制的全球证据[J]. 经济研究，52(01)：149-164.

宋福铁，屈文洲，2010. 基于企业生命周期理论的现金股利分配实证研究[J]. 中国工业经济，(2)：140-149.

宋建波，文雯，张海晴，2016. 科技创新型企业的双层股权结构研究：基于京东和阿里巴巴的案例分析[J]. 管理案例研究与评论，9(04)：339-350.

宋淑琴，姚凯丽，2014. 融资约束、异质债务与过度投资差异化：民营上市公司 2007～2011 年样本[J]. 改革，(1)：138-147.

苏坤，2016. CEO 背景特征对公司风险承担的影响研究[J]. 当代经济管理，38(11)：18-25.

苏坤，张健，2016. 公司治理对企业风险承担的影响研究[J]. 西安财经学院学报，29(01)：

43-49.

孙磊华，何海燕，常晓涵，李浩然，2022. 技术环境波动如何影响企业风险承担?：基于
创新环境不确定性的视角[J]. 经济与管理研究，43(5)：128-144.

孙玥璠，陈爽，张永冀，2019. 高管团队异质性、群体断裂带与企业风险承担[J]. 管理
评论，31(08)：157-168.

汤泰劼，马新啸，宋献中，2021. 财务报告重述与金融市场稳定：基于股价崩盘风险的视
角[J]. 会计研究，(11)：31-43.

汤颖梅，佘亚云，2020. 国有企业混合所有制改革与企业风险承担[J]. 会计之友，(05)：
149-155.

田存志，余欢欢，2016. 行业管制、股权激励与上市公司风险承担[J]. 金融论坛，
21(06)：62-72.

田雨霁，2022. 高管团队经验对企业风险承担的影响[J]. 合作经济与科技，(22)：98-101.

汪青松，赵万一，2011. 股份公司内部权力配置的结构性变革：以股东"同质化"假定到
"异质化"现实的演进为视角[J]. 现代法学，33 (03)：32-42.

汪岩桥，2004. 关于企业家精神的思考[J]. 浙江社会科学，(03)：156-161.

王鳌然，胡波，2018. 双层股权结构研究进展[J]. 经济学动态，(09)：115-127.

王海林，张丁，2021. 国家审计对国有企业风险承担的治理效应：促进还是抑制?：基于
审计公告语调的分析[J]. 会计研究，(10)：152-165.

王会娟，陈新楷，陈文强，张路，2022. 数字化转型能提高企业的风险承担水平吗?[J]. 财
经论丛，(12)：70-80.

王亮亮，张海洋，张路，郭希孺，2021. 子公司利润分回与企业集团的代理成本：基于中
国资本市场"双重披露制"的检验[J]. 会计研究，(11)：114-130.

王美英，陈宋生，曾昌礼，曹源，2020. 混合所有制背景下多个大股东与风险承担研究
[J]. 会计研究，(02)：117-132.

王敏，2012. 基于企业家精神视角的中小企业创业创新研究[J]. 理论学刊，(07)：48-52.

王倩，2018. 货币政策变化对中国上市公司风险承担的影响研究：基于信贷歧视与时变效
应的研究[J]. 现代经济探讨，(05)：30-39.

王清刚，陈曦，郭晓慧，2022. 信息化水平、风险承担与企业价值[J]. 会计之友，(13)：106-113.

王维，王越，2018. 智力资本、研发投入与企业绩效的关系：基于信息技术产业上市公司的实证研究[J]. 经营与管理，(05)：103-105.

王新平，周彩霞，2022. 企业家精神与企业高质量发展：基于被调节的链式中介模型[J]. 调研世界，(08)：55-66.

王新平，周彩霞，2022. 企业家精神与企业高质量发展：基于被调节的链式中介模型[J]. 调研世界，(08)：55-66.

王艳波，高闯，胡登峰，2020. 创始人关键性资源、控制权配置与企业风险承担[J]. 湖南科技大学学报(社会科学版)，23(1)：56-65.

王烨，柳希望，孙慧倩，2022. 双重股权结构如何影响审计定价?：基于在美中概股的实证研究[J]. 审计与经济研究，37(2)：58-68.

王永海，刘慧玲，2013. 所得税税率变动与公司风险承受：基于我国 A 股上市公司的经验证据[J]. 会计研究，(05)：43-50+95.

王媛，傅康生，2017. 中国公司海外上市双层股权选择的影响因素验证：基于美国 NASDAQ 市场分析[J]. 财会月刊，(29)：37-42.

温忠麟，叶宝娟，2014. 中介效应分析：方法和模型发展[J]. 心理科学进展，22(05)：731-745.

吴超鹏，吴世农，郑方镳，2008. 管理者行为与连续并购绩效的理论与实证研究[J]. 管理世界，(07)：126-133+188.

吴倩，潘爱玲，刘昕，2019. 产业政策支持、企业生命周期与风险承担[J]. 商业经济与管理，(01)：74-87.

吴术豪，2020. 双层股权结构：风险与法律监管[J]. 东南大学学报(哲学社会科学版)，22(S2)：108-112.

吴英霞，2015. 双层股权结构：功能解析、风险范式与法律回应：以阿里巴巴合伙人制度为切入点[J]. 民商法论丛，103 .

武立东，王晗，崔勋，2024. 董事会社会资本对企业双元创新的影响机理[J]. 管理学报，

21(2)：308-316.

肖金利，潘越，戴亦一，2018."保守"的婚姻：夫妻共同持股与公司风险承担[J].经济研究，53(05)：190-204.

谢伟峰，2016. CEO 年龄与公司风险承担：来自上市公司的经验证据[J].财会通讯，(11)：33-35.

解维敏，唐清泉，2013.公司治理与风险承担：来自中国上市公司的经验证据[J].财经问题研究，(01)：91-97.

邢文杰，张景涛，2022.管理者能力与企业风险承担[J].会计之友，(17)：79-87.

熊梦圆，张曾莲，徐坤亮，2022.放松利率管制对企业风险承担的影响：基于取消贷款利率下限准自然实验的分析[J].金融论坛，27(1)：19-28+39.

闫华红，李晓艳，刘静，2022.税收征管数字化升级对企业风险承担水平的影响研究[J].财政研究，(9)：89-103.

杨菁菁，程俊威，朱密，2019.双重股权结构对股利政策的影响：基于在美上市的中概股的经验证据[J].金融经济学研究，34(6)：17-28+104.

杨青，高基乔，2021.双层股权结构是否促进了企业创新？：来自在美上市中国企业的数据[J].上海金融，(09)：64-79.

杨瑞龙，章逸然，杨继东，2017.制度能缓解社会冲突对企业风险承担的冲击吗?[J].经济研究，52(8)：140-154.

杨威，宋敏，冯科，2018.并购商誉、投资者过度反应与股价泡沫及崩盘[J].中国工业经济，(06)：156-173.

杨肖丽，张一帆，王秋兵，2015.智力资本及其评价方法研究综述[J].商业经济研究，(04)：93-95.

杨以文，郑江淮，2013.企业家精神、市场需求与生产性服务企业创新[J].财贸经济，(01)：110-118.

叶勇，徐秋子，2014."一股一权"的法经济学反思[J].中国外资，(1)：216-219.

游家兴，李斌，2007.信息透明度与公司治理效率：来自中国上市公司总经理变更的经验证据[J].南开管理评论，(4)：73-79+85.

余明桂，李文贵，潘红波，2013. 民营化产权保护与企业风险承担[J]. 经济研究，(09)：112-124.

余怒涛，张华玉，李文文，2021. 非控股大股东退出威胁究竟威胁了谁?：基于企业投资效率的分析[J]. 中央财经大学学报，(02)：55-72.

袁奋强，王志华，张涛，2023. 家族企业"去家族化"、信息透明度与价值创造[J]. 南方金融，(10)：3-17.

张芳，于海婷，2024. 绿色信贷政策驱动重污染企业绿色创新了吗?：基于企业生命周期理论的实证检验[J]. 南开管理评论，27(3)：118-128.

张舫，2012. 美国"一股一权"制度的兴衰及其启示[J]. 现代法学，(2)：152-163.

张继德，2018. 双重股权制度在我国实施的路径探讨[J]. 财务与会计，(7)：75-79.

张建宇，杨旭，2013. 国有资本参股能提升民营企业风险承担水平吗[J]. 广东财经大学学报，38(1)：75-87.

张敏，童丽静，许浩然，2015. 社会网络与企业风险承担：基于我国上市公司的经验证据[J]. 管理世界，(11)：161-175.

张平，蓝海林，李卫宁，2005. 动态竞争环境下高效高层管理团队的构建研究[J]. 预测，(04)：1-6+43.

张娆，路继业，姬东骅，2019. 产业政策能否促进企业风险承担?[J]. 会计研究，(07)：3-11.

张三保，张志学，2012. 区域制度差异，CEO 管理自主权与企业风险承担：中国 30 省高技术产业的证据[J]. 管理世界，(04)：101-114+188.

张祥建，徐晋，2007. 大股东控制的微观结构、激励效应与堑壕效应：国外公司治理前沿研究的新趋势[J]. 证券市场导报，(10)：33-41.

张欣楚，2019. 双层股权结构：演进、价值、风险及其应对进路[J]. 西南金融，(06)：37-44.

张燕，邓峰，2019. 创始人控制权保持、双重股权结构与投资者利益保护：基于股东异质性视角的多案例研究[J]. 财会通讯，(27)：96-101+111.

张阳，2017. 论双重股权结构在我国的适用[J]. 法制与社会，(05)：108-109.

张梓靖，邢天才，苑莹，2020. CEO 自信度与企业风险承担：金融衍生品交易策略的中介作用[J]. 东北大学学报(社会科学版)，22(6)：50-58.

赵丽娟，张敦力，2019. CEO 社会资本与企业风险承担：基于委托代理和资源获取的理论
视角[J]. 山西财经大学学报，41(02)： 80-92.

赵玉林，石璋铭，2014. 战略性新兴产业资本配置效率及影响因素的实证研究[J]. 宏观经
济研究，(2)：72-80.

郑鹏，2021. 双层股权结构与公司治理绩效[J]. 技术经济与管理研究，(10)：54-58.

郑志刚，朱光顺，李倩，黄继承，2021. 双重股权结构、日落条款与企业创新：来自美国
中概股企业的证据[J]. 经济研究，56(12)：94-110.

郑志刚，邹宇，崔丽，2016. 合伙人制度与创业团队控制权安排模式选择：基于阿里巴巴
的案例研究[J]. 中国工业经济，(10)：126-143.

周彬蕊，刘锡良，张琳，2017. 货币政策冲击、金融市场化改革与企业风险承担[J]. 世界
经济，40(10)：93-118.

周晨，彭利达，韩飞，2023. 分析师关注对企业风险承担的影响研究[J]. 会计之友，(7)：
26-32.

周泽将，胡刘芬，马静，张东旭，2019. 商誉与企业风险承担[J]. 会计研究，(7)：21-26.

周泽将，罗进辉，李雪，2019. 民营企业身份认同与风险承担水平[J]. 管理世界，35(11)：
193-208.

翟胜宝，张胜，谢露，郑洁，2014. 银行关联与企业风险：基于我国上市公司的经验证据
[J]. 管理世界，(4)：53-59.

朱冰，张晓亮，郑晓佳，2018. 多个大股东与企业创新[J]. 管理世界，34(07)：151-165.

朱慈蕴，神作裕之，谢段磊，2019. 差异化表决制度的引入与控制权约束机制的创新：以
中日差异化表决权实践为视角[J]. 清华法学，13(02)：6-27.

朱翔宇，柴瑞娟，2021. 双层股权结构时间型"日落条款"研究：以证券交易所竞争为视
角[J]. 上海金融，(07)：62-71.

朱玉杰，倪骁然，2014. 机构投资者持股与企业风险承担[J]. 投资研究，33(08)：85-98.

ACHARYA V V，AMIHUD Y，LITOV L，2011 Creditor rights and corporate risk-taking[J].
Journal of Financial Economics，102(1)：150-166.

ADAMS R，FERREIRA D，2008. One share-one vote：the empirical evidence[J]. SSRN Electronic Journal， 12(1)：51-91.

ALCHIAN A A，DEMSETZ H，1972. Production information costs and economic Organization[J]. The American Economic Review， 62(5)：777-795.

ANDREI SHLEIFER，ROBERT W, VISHNY A, 1997. Survey of corporate governance[J]. The Journal of Finance, 52(2)：737-783.

ANDREI SHLEIFER, ROBERT W, VISHNY, 1986. Large shareholders and corporate control[J]. Journal of Political Economy, 94(3)：461-488.

ARIF S, LEE C M C, 2014. Aggregate investment and investor sentiment[J]. Review of Financial Studies, 27(11)：3241-3279.

ARUGASLAN O, COOK O D, KIESCHNICK R, 2009. On the decision to go public with dual class stock[J]. Journal of Corporate Finance, 16(2)：170-181.

ATTIG N, EL GHOUL S, GUEDHAMI O, RIZEANU S, 2013. The governance role of multiple large shareholders: Evidence from the valuation of cash holdings[J]. Journal of Management and Governance, 17(2)：419-451.

BAGWELL L S, 1992. Dutch auction repurchases：an analysis of shareholder heterogeneity[J]. The Journal of Finance, 47(1)：71-105.

BANTEL K A, JACKSON S E, 2010. Top management and innovations in banking: does the composition of the top team make a difference?[J]. Strategic Management Journal, 10(S1)：107-124.

BARGERON L, LEHN K, ZUTTER C J, 2010. Sarbanes-oxley and corporate risk-taking[J]. Journal of Accounting and Economics, 49(1)：34-52.

BEBCHUK L A, FRIED JESSE M, 2010. Paying for long-term performance[J]. University of Pennsylvania Law Review, 158(7)：1915-1959.

BEBCHUK L A, KASTIEL K, 2017. The untenable case for perpetual dual-class stock, 4：103-585.

BENNEDSEN M, NIELSEN K M, 2004. The impact of a break through rule on european firms[J]. European Journal of Law and Economics, 17：259-263.

BOEHMER E, SANGER G C, VARSHNEY S B, 1995. The effect of capital structure and consolidated control on firm performance: the case of dual-class IPOs. 22：187-196.

BONTIS N, 2001. Managing organizational knowledge by diagnosing intellectual capital: framing and advancing the state of the field[J]. International Journal of Technology Management, 18：433-463.

BOUBAKRI N, COSSET J C, DEBAB N, VALÉRY P, 2013. Privat-ization and globalization: an empirical analysis[J]. Journal of Banking and Finance, 37(6)：1898-1914.

BOUBAKRI N, COSSET J C, SAFFAR W, 2013. The role of state and foreign owners in corporate risktaking：evidence from privatization[J]. Journal of Financial Economics, 108(3)：641-658.

BRADFORD D, JORDAN S K, MARK H, LIU, 2016. Growth opportunities, short-term market pressure, and dual-class share structure[J]. Journal of Corporate Finance，5：304-328.

BRUNO V, SHIN H S, 2014. Globalization of corporate risk taking[J]. Journal of International Business Studies, 45(7)：800-820.

BUKH P N, LARSEN H T, MOURITSEN J, 2001. Constructing intellectual capital statements[J]. Scandinavian Journal of Management, 17：87-108.

CAIN M D, MCKEON S B, 2016. CEO personal risk-taking and corporate policies[J]. Journal of Financial and Quantitative Analysis, 51(1)：139-164.

CAO X P, LENG T C, GOH J, et al., 2020. The innovation effect of Dual-class shares: New evidence from US firms[J]. Economic Modelling, 91：347-357.

CASTRO MARTINS H, 2020. The Brazilian bankruptcy law reform, corporate ownership concentration, and risk-taking[J]. Managerial and Decision Economics, 41(4)：562-573.

CIPOLLONE D, 2012. Risky Business：A review of dual class share structures in canada and a proposal for reform[J]. Dalhousie J of legal Studies, 21：62-92

COHEN D A, DEY A, LYS T Z, 2013. Corporate governance reform and executive incentives: Implications for investments and risk taking[J]. Contemporary Accounting Research, 30(4)：

1296-1332.

DEANGELO HARRY, DEANGELO LINDA, 1985. Managerial ownership of voting rights: A study of public corporations with dual classes of common stock[J]. Journal of Financial Economics, 14(1)：33-69.

DECETY J, CHAMINADE T, 2003. Neural correlates of feeling sympathy[J]. Neuropsychologia, 41(2)：127－138.

DEMSETZ H, LEHN K, 1985. The structure of corporate ownership: causes and consequences[J]. Journal of Political Economy, 93(6)：1155-1177.

DIAMOND D W, Verrecchia R E, 1991. Disclosure, liquidity, and the cost of capital[J]. Journal of Finance, 46(4)：1325-1359.

DICKINSON V, 2011. Cash flow patterns as a proxy for firm life cycle[J]. The Accounting Review, 86：1969-1994.

DIMITROV V, JAIN P C, 2004. Recapitalization of one class of common stock into dual-class: Growth and long-run stock returns[J]. Journal of Corporate Finance, 12(2)：342-366.

DITTMANN I, ULBRICHT N, 2007. Timing and wealth effects of german dual class stock unifications[J]. European Financial Management, 14(1)：163-196.

DONALEK J G, 2004. Phenomenology as a qualitative research method[J]. Urologic nursing, 24(6)：516－517.

DU S, MA L, LI Z, 2022. Non-family shareholder governance and corporate risk-taking: Evidence from Chinese family-controlled businesses[J]. Journal of Business Research, 145：156-170.

DYCK A, ZINGALES L, 2004. Private benefits of control: an international comparison[J]. Journal of Finance, 59(2)：537-600.

EDELMAN P H, THOMAS, R S, 2005. Corporate voting and the takeover debate[J]. Vanderbilt Law Review, 58(2)：453-498.

EDERER F, MANSO G, 2014. Is pay for performance detrimental to innovation[J]. Operations Research, 54(3)：187-189.

EDVINSSON L, MALONE M S, 1997. Intellectual capital: an exploratory study from lebanon[J]. Journal of Business and Management, 4(4)：130-152.

EISENHARDT K M, GRAEBNER M E, 2007. Theory building from cases: Opportunities and challenges[J]. Academy of Management Journal, 50(1)：25-32.

FACCIO M, 2006. Politically connected firms[J]. American Economic Review, 96(1)：369-386.

FACCIO M, MARCHICA M T, MURA R, 2016. CEO gender, corporate risk-taking, and the efficiency of capital allocation[J]. Journal of Corporate Finance, 39：193-209.

FACCIO M, MARCHICA M T, MURA R, 2011. Large shareholder diversification and corporate risk-taking [J]. Review of Financial Studies, 24(11)：3601-3641.

FAN J P H, WONG T J, 2002. Corporate ownership structure and the informativeness of accounting earnings in East Asia[J]. Journal of Accounting and Economics, 3：401-425.

FISCHEL D R, 1987. Organized Exchanges and the Regulation of Dual Class Common Stock[J]. University of Chicago Law Review, 54：106-119.

GAO L, ZAGORCHEV A, 2020. Dual-class firms and innovation after NAFTA[J]. Review of Pacific Basin Financial Markets and Policies, 23(01)：33-50.

GAO L, ZAGORCHEV A, 2020. Dual-class firms and innovation after NAFTA[J]. Review of Pacific Basin Financial Markets and Policies, 23(1): 2050007.

GOMPERS P A, ISHII J L, METRICK A, 2010. Extreme governance: an analysis of dual-class firms in the united states[J]. Review of Financial Studies, 23：1051-1088.

GOSHEN Z, SQUIRE R, 2015. Principal costs: a new theory for corporate law and governance[J]. Social Science Electronic Publishing, 7：767-829.

GROSSMAN S J, HART O, 1988. One share/one vote and the market for corporate control[J]. Social Science Electronic Publishing, 8：767-829.

MICHAELY R, GRULLON E, SWAMINATHAN B, 2002. Are dividend changes a sign of firm maturity[J]. Journal of Business, 75(3)：387-424.

HABIB A, HASAN M M, 2015. Firm life cycle, corporate risk-taking and investor sentiment[J]. Accounting and Finance, 57(2)：465-497.

HAMBRICK D C, MASON P A, 1984. Upper echelons: the organization as a reflection of its top managers[J]. Academy of Management Review,. 9(2)：193-206.

HANDA P, LINN S C, 1993. Arbitrage pricing with estimation risk[J]. Journal of Financial and Quantitative Analysis, 28：81-100.

HARRIS M, RAVIV A, 1988. Corporate governance: voting rights and majority rules[J]. Journal of Financial Economics, 20：203-235.

HOI C K, ROBIN A, 2010. Agency conflicts, controlling owner proximity, and firm value: an analysis of dual-class firms in the united states[J]. Corporate Governance An International Review, 18(2)：124-135.

HOLDERNESS C G, KROSZNER R S, SHEEHAN D P, 1999. Were the good old days that good? changes in managerial stock ownership since the great depression[J]. The Journal of finance, 54(2)：377-389.

HONG H A, 2013. Does mandatory adoption of international financial reporting standards decrease the voting premium for dual-class shares[J]? The Accounting Review, 88：1289-1325.

HOWELL W J, 2014. The survival of the U. S. dual class share structure[J]. Journal of Corporate Finance, 12：440-450.

HUANG J, J KISGEN D, 2013. Gender and corporate finance：are male executives overconfident relative to female executives?[J]. Journal of Financial Economics, 108(3)：822-839.

JADHAV A, 2012. Dual class shares：is India ready for it?[J]. Macroeconomics and Finance in Emerging Market Economies, 5(1)：124-135.

JENSEN M C, MECKLING W H, 1976. Theory of the firm：Managerial behavior, age-ncy costs and ownership structure[J]. Journal of financial economics, 3(4)：305-360.

JOG V, ZHU P C, DUTTA S, 2010. Impact of restricted voting share structure on firm value and performance[J]. Corporate Governance An International Review, 18(5)：415-437.

JOHN K, LITOV L, YEUNG B, 2008. Corporate governance and risk-taking[J]. The Journal of

Finance, 63(4)：1679-1728.

JORDAN D B, KIM S, LIU H M, 2016. Growth opportunities, short-term market pressure, and dual-class share structure[J]. Journal of Corporate Finance, 41：304-328.

KIM O, VERRECCHIA R E, 2001. The relation among disclosure, returns, and trading volume information[J]. The Accounting Review, 76(4)：633-654.

KOERNIADI H, KRISHNAMURTI C, TOURANI-RAD A, 2014. Corporate governance and risk-taking in New Zealand[J]. Australian Journal of Management, 39(2)：227-245.

KROLL J F, STEWART E, 1994. Category interference in translation and picture naming: Evidence for asymmetric connections between bilingual memory representations[J]. Journal of Memory and Languages, 33：149-174.

LI X, JIAO Y, YU M T, ZHAO Y, 2018. Founders and the decision of chinese dual-class ipos in the u. s[J]. Pacific-Basin Finance Journal, 39(2)：227-245.

LJUNGQVIST A, ZHANG L, ZUO L, 2017. Sharing risk with the government: How taxes affect corporate risk taking[J]. Journal of Accounting Research, 55(3)：669-707.

LOPEZ F G, BRENNAN K A, 2000. Dynamic processes underlying adult attachment organization: Toward an attachment theoretical perspective on the healthy and effective self[J]. Journal of Counseling Psychology, 47(3)：283-300.

LOW A, 2009. Managerial risk-taking behavior and equity-based compensation[J]. Journal of Financial Economics, 92(3)：470-490.

LUI A, LO C, NGAI E, 2019. Does mandated RFID affect firm risk? The moderating role of top management team heterogeneity[J]. International Journal of Production Economics, 210：84-96.

LUMPKIN G T, DESS G G, 1996. Clarifying the entrepreneurial orientation construct and linking it to performance[J]. Academy of Management Journal, 21(1)：135-172.

LUMPKIN, G T, BENYAMIN BERGMANN LICHTENSTEIN, 2005. The role of organizational learning in the opportunity recognition process[J]. Entrepreneurship Theory and Practice, 29(4)：451-472.

MANOWAN P, LIN L, 2013. Dual class ownership structure and real earnings management[J]. Int. J. of Accounting and Finance, 4(1)：86-97.

MASULIS R W, WANG C, XIE F, 2009. Agency problems at dual-class companies[J]. The Journal of Finance, 64(4)：1697-1727.

MCLEAN R D, ZHAO M, 2014. The business cycle, investor sentiment, and costly external finance[J]. Journal of Finance, 69(3)：1377-1409.

MEULEMAN M, DE MAESENEIRE W, 2012. Do R&D subsidies affect SMEs' access to external financing?[J] Research Policy, 41(3)：580-591.

MICHAEL JENSEN, WILLIAM H, MECKLING, 1976. Theory of the firm: managerial behavior, agency costs and ownership structure[J]. Journal of Financial Econo-mics, 14(4)：308-319.

MILGROM P, ROBERTS J, 1992. Economics, organization and management[M]. Prentice Hall.

MISHRA D R, 2011. Multiple large shareholders and corporate risk taking: Evidence from east Asia[J]. Corporate Governance an International Review, 19(6)：507-528.

MORCK R, SHLEIFER A, VISHNY R W, 1988. Management ownership and market valuation：An empirical analysis[J]. Journal of Financial Economics, 20：293-315.

NAKANO M, NGUYEN P, 2012. Board size and corporate risk taking: further evidence from Japan[J]. Corporate Governance, 20(04)：369-387.

NENOVA T, 2003. The value of corporate voting rights and control：A cross-country analysis[J]. Journal of Financial Economics, 13(3)：325-351.

NGUYEN V T, XU L, 2010. The impact of dual class structure on earnings management activities[J]. Journal of Business Finance and Accounting, 37(3-4)：456-485.

NÜESCH S, 2016. Dual-class shares, external financing needs, and firm performance[J]. Journal of Management and Governance, 20(3)：525-551.

OLVE N, ROYSE J, WETTER M, 1999. Performance drivers: a practical guide to using the balanced scorecard[J]. Work Study, 49(1)：49-79.

PAUL A. Gompers, ISHII J, METRICK A, 2010. Extreme governance：an analysis of dual-class firms in the United States[J]. The Review of Financial Studies, 23(3)：1051-1088.

PRENDERGAST C, STOLE L, 1996. Impetuous youngsters and jaded old-timers：acquiring a reputation for learning[J]. Journal of Political Economy, 104(6)：1105-1134.

ROOS J, ROOS G, DRAGONETTI N C, EDVINSSON L, 1997. Consolidating intellectual capital measurements：the ic-index approach[J]. Financial Times Mastering Management Journal, 1：78-101.

RUGG M D, COLES M G, H EDS, 1995. Electrophysiology of mind: event-related brain potentials and cognition[J]. Oxford University Press, 20：29-152.

RUNYAN R C, DROGE C, SWINNEY J, 2008. Entrepreneurial orientation versus small business orientation: what are their relationships to firm performance?[J]. Journal of Small Business Management, 46(4)：567-588.

SAARNI C, MUMME D L, CAMPOS J J, 1998. The impact of preschool social-emotional development on academic success of elementary school students[J]. Psychology, 4(11)：237-309.

SCHRAND C, VERRECCHIA R E, 2005. Information disclosure and adverse selection explanations for IPO underpricing[J]. Corporate Finance: Valuation, 12：336-389.

SHEIKH S, 2019. CEO power and corporate risk: the impact of market competition and corporate governance[J]. Corporate Governance: An International Review, 27(5)：358-377.

SHLEIFER, ANDREI, ROBERT W VISHNY, 1997. A survey of corporate governance[J]. Journal of Finance, 52(2)：737-783.

SMART S B, THIRUMALAI R S, ZUTTER C J, 2007. What's in a vote? The short-and long-run impact of dual-class equity on IPO firm values[J]. Journal of Accounting and Economics, 45(1)：94-115.

SU K, LIU H, 2018. The effect of interlocking director network on corporate risk taking: Lessons from China[J]. Entrepreneurship Research Journal, 9(1)：77-93.

SUBRAMANIAM M, YOUNDT M A, 2005. The influence of intellectual capital on the types of innovative capabilities[J]. Academy of Management Journal, 48：450-463.

SVEIBY K E, 1997. The intangible assets monitor[J]. Journal of Human Resource Costing and Accounting, 2(1): 73-97.

TANG Z, ROTHENBERG S, 2009. Does perceptual acuity matter? An investigation of entrepreneurial orientation, perceptual acuity, and firm performance[J]. Journal of Enterprising Culture, 17(1): 79-102.

TAYLOR S L, WHITTRED G P, 1998. Security design and the allocation of voting rights: evidence from the IPO market, 4(2): 107-131.

THOMAS J, CHEMMANUR, YAWEN JIAO, 2011. Dual class IPOs: A theoretical analysis[J]. Journal of Banking and Finance, 36(1): 305-319.

TINAIKAR S, 2014. Voluntary disclosure and ownership structure: an analysis of dual class firms[J]. Journal of Management and Governance, 18(2): 373-417.

WANG C J, 2012. Board size and firm risk-taking[J]. Review of Quantitative Finance and Accounting, 38(4): 519-542.

WIKLUND J, SHEPHERD D, 2005. Entrepreneurial orientation and small business performance: a configurational approach[J]. Journal of Business Venturing, 20(1): 71-91.

WRIGHT P, FERRIS S P, AWASTHI S V, 1996. Impact of corporate insider, block holder, and institutional equity ownership on firm risk taking[J]. Academy of Management Journal, 39(2): 441-463.